Daten darstellen 1

In der Klasse 5a haben die Schülerinnen und Schüler eine Befragung über die Länge ihrer Schulwege durchgeführt und an der Wandtafel notiert.

bis 1 km	卌 I
mehr als 1 km bis 2 km	卌 III
mehr als 2 km bis 3 km	卌
mehr als 3 km bis 4 km	IIII
mehr als 4 km	卌 I

Erstelle aus den Daten ein Säulendiagramm.

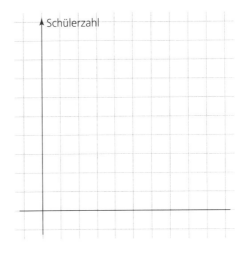

Bei der Klassensprecherwahl in der 5b hat sich folgendes Ergebnis ergeben:

Name	Anzahl der Stimmen
Maxi	IIII
Jenny	卌 II
Alexander	卌
Hanna	卌
Tim	卌 I

Erstelle ein Balkendiagramm.
Wie viele Schülerinnen und Schüler sind in der Klasse?

_____

Welche beiden Kinder werden Klassensprecher?

_____

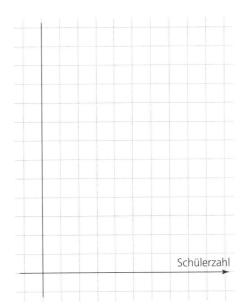

Von den 30 Schülerinnen und Schüler der Klasse 5c kommen sieben zu Fuß zur Schule, fünf kommen mit dem Fahrrad, acht mit dem Bus, vier kommen mit dem Zug und der Rest wird mit dem Auto gebracht.
Wie viele Kinder werden mit dem Auto gebracht?

_____

Wie viele Schülerinnen und Schüler kommen nicht zu Fuß in die Schule?

_____

Erstelle aus den Daten ein Balken- oder Säulendiagramm.

Daten darstellen 2

1 Die Auswertung des Fragebogens der Klasse 5d
hat für das Alter und die Anzahl der Geschwister
ergeben:

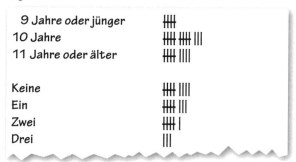

9 Jahre oder jünger	IIII
10 Jahre	IIII IIII III
11 Jahre oder älter	IIII IIII
Keine	IIII IIII
Ein	IIII III
Zwei	IIII I
Drei	III

Wie viele Kinder haben mehr als drei Geschwister?

_____

Erstelle aus den Daten Säulendiagramme.

2 Bestimme für die einzelnen Bundesländer die
Anzahl ihrer Nachbarbundesländer.

Bundesland	Anzahl der Nachbarbundesländer
Baden-Württemberg	
Bayern	
Berlin	
Brandenburg	
Bremen	
Hamburg	
Hessen	
Mecklenburg-Vorpommern	
Niedersachsen	
Nordrhein-Westfalen	
Rheinland-Pfalz	
Saarland	
Sachsen	
Sachsen-Anhalt	
Schleswig-Holstein	
Thüringen	

Wie viele Bundesländer haben ein Nachbarland, wie viele zwei Nachbarländer, …?
Erstelle ein Säulendiagramm über die Anzahl der Nachbarbundesländer.

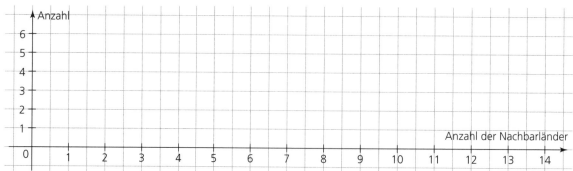

Körper-Detektiv

Welche Eigenschaften treffen zu? Es sind mehrere Kreuze möglich.

a)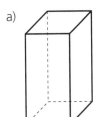

6 Ecken
8 Kanten
6 Flächen
8 Ecken
12 Kanten
8 Flächen

b)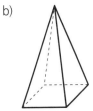

6 Ecken
8 Kanten
6 Flächen
1 Spitze
12 Kanten
5 Flächen

c)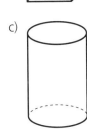

0 Ecken
0 Flächen
8 Ecken
3 Flächen

d)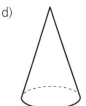

4 Ecken
1 Fläche
1 Spitze
2 Flächen

Wer bin ich? Geometrischer Körper gesucht. Schreibe den Namen des gesuchten Körpers in die entsprechende Zeile. Manchmal gibt es mehrere Möglichkeiten:

a) „Ich habe keine Kanten." _____

b) „Ich habe 12 gleich lange Kanten." _____

c) „Ich habe 8 Kanten, wobei jeweils 4 gleich lang sind." _____

d) „Ich habe 9 Kanten." _____

e) „Ich habe 3 Flächen." _____

Dachformen

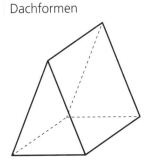

Satteldach

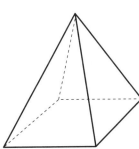

Zeltdach

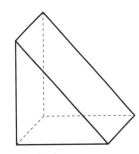

Pultdach

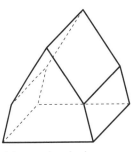

Mansardendach

Trage in der Tabelle für die Dachformen die Anzahl der Ecken, Kanten und Flächen ein.

	Anzahl der Ecken	Anzahl der Kanten	Anzahl der Flächen
Satteldach			
Zeltdach			
Pultdach			
Mansardendach			

Figuren-Detektiv

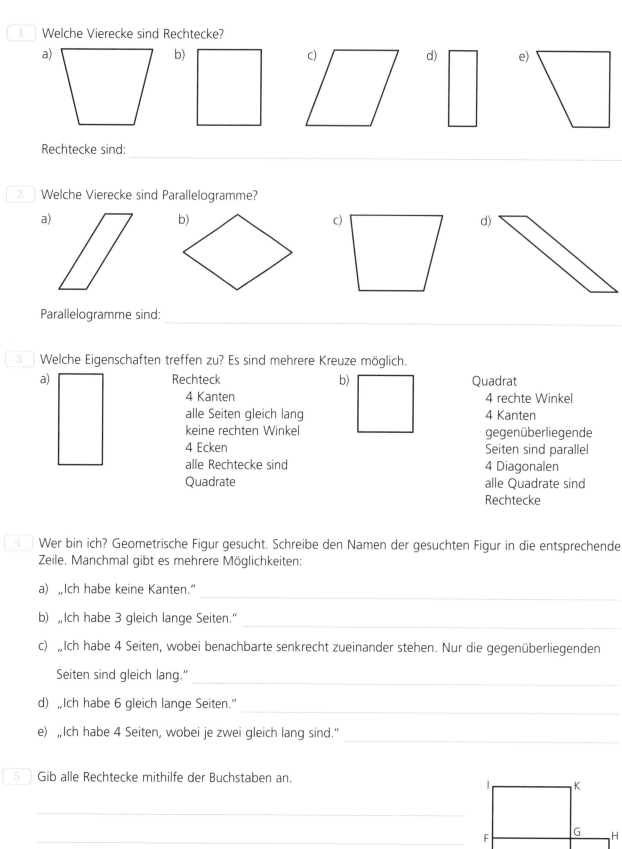

1 Welche Vierecke sind Rechtecke?

a) b) c) d) e)

Rechtecke sind: _____

2 Welche Vierecke sind Parallelogramme?

a) b) c) d)

Parallelogramme sind: _____

3 Welche Eigenschaften treffen zu? Es sind mehrere Kreuze möglich.

a)   Rechteck   b)   Quadrat
     4 Kanten   4 rechte Winkel
     alle Seiten gleich lang   4 Kanten
     keine rechten Winkel   gegenüberliegende
     4 Ecken   Seiten sind parallel
     alle Rechtecke sind   4 Diagonalen
     Quadrate   alle Quadrate sind
                                Rechtecke

4 Wer bin ich? Geometrische Figur gesucht. Schreibe den Namen der gesuchten Figur in die entsprechende Zeile. Manchmal gibt es mehrere Möglichkeiten:

a) „Ich habe keine Kanten." _____

b) „Ich habe 3 gleich lange Seiten." _____

c) „Ich habe 4 Seiten, wobei benachbarte senkrecht zueinander stehen. Nur die gegenüberliegenden

    Seiten sind gleich lang." _____

d) „Ich habe 6 gleich lange Seiten." _____

e) „Ich habe 4 Seiten, wobei je zwei gleich lang sind." _____

5 Gib alle Rechtecke mithilfe der Buchstaben an.

_____

_____

Hinweis: Es gibt 8 Rechtecke.

Raumanschauung

Wer gehört zu wem?
Ordne jedem Schrägbild den passenden Auf- und Grundriss zu.

Schrägbild   A   B   C   D   E   F   G   H

Auf-/Grundriss

Parallel – senkrecht 1

1 Welche Geraden sind zueinander senkrecht, welche sind zueinander parallel?

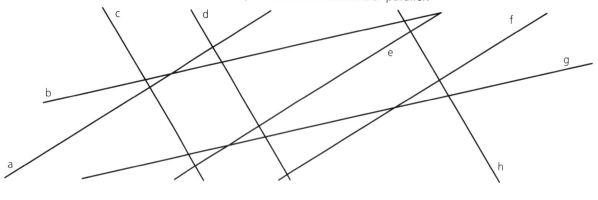

Parallel zueinander sind: ‖ ; _____

Senkrecht zueinander sind: ⊥ ; _____

_____

_____

2 Zeichne zu jeder Geraden eine Parallele, die durch A verläuft.

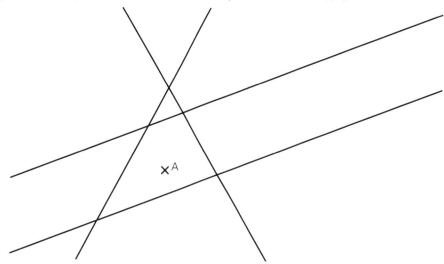

3 Zeichne zur Geraden g jeweils eine parallele und eine senkrechte Gerade durch die Punkte.

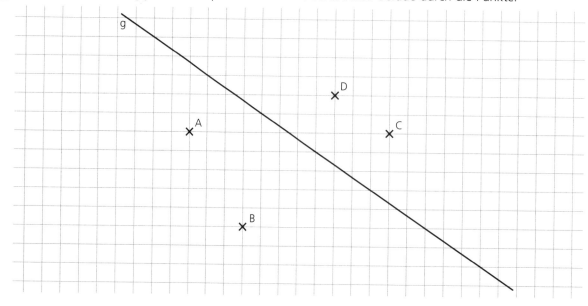

Parallel – senkrecht 2

Übertrage die Figur mit dem Geodreieck.

a)

b)

c)

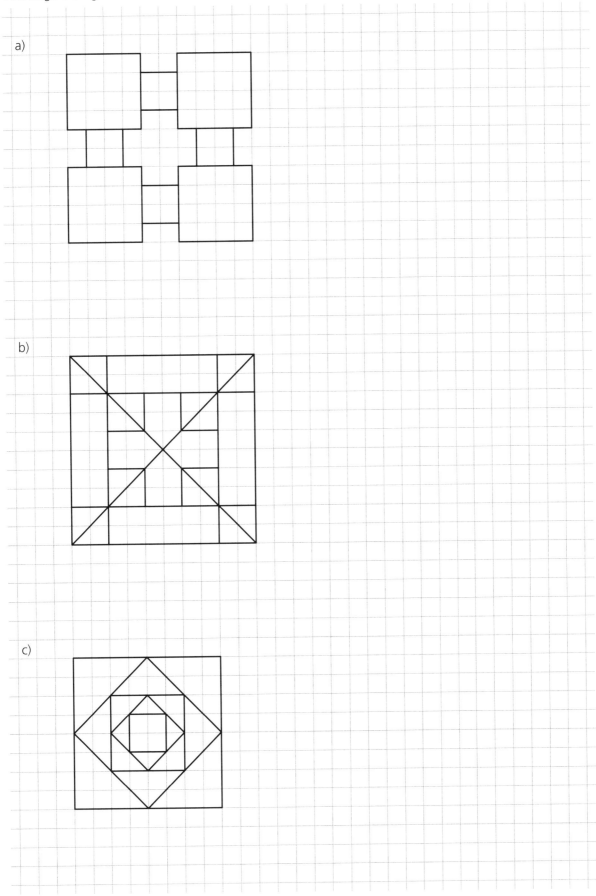

Parallel – senkrecht 3

1 Setze nach rechts und links fort.

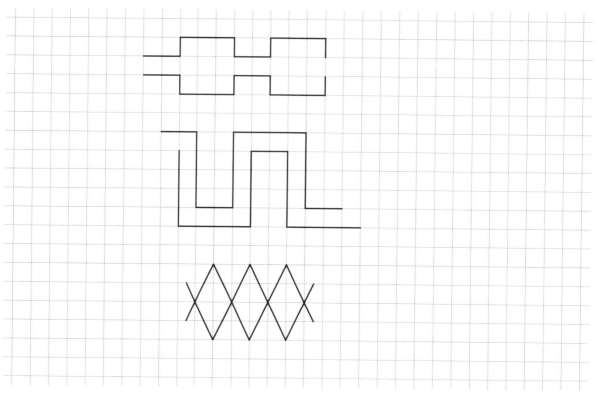

2 Setze fort.

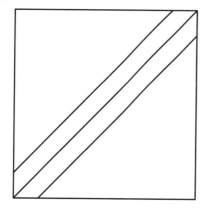 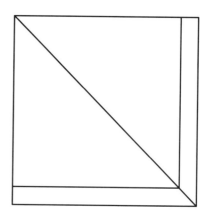

3 Setze nach rechts und links fort. Verlängere dazu die gestrichelten Hilfslinien.

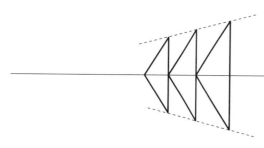

Parallel – senkrecht 4

Ergänze die Figur.

a)

b)

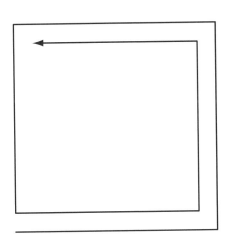

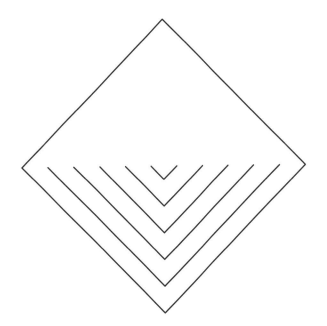

Ergänze die Figur, indem du jede neue Strecke um 5 mm verlängerst.

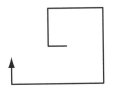

Figuren ergänzen

1 Ergänze gegebene Linien zu

a) einem Quadrat

b) einem Parallelogramm

c) einem Rechteck

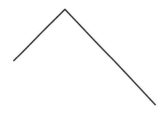

d) einer Raute

e) einem Trapez

f) einem Quader

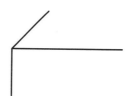

g) einer Pyramide

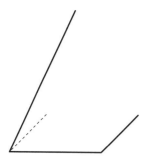

h) einem Würfel

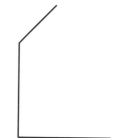

Abstand 1

1 Miss die Abstände der Punkte zu den Geraden und trage sie in die Tabelle ein.

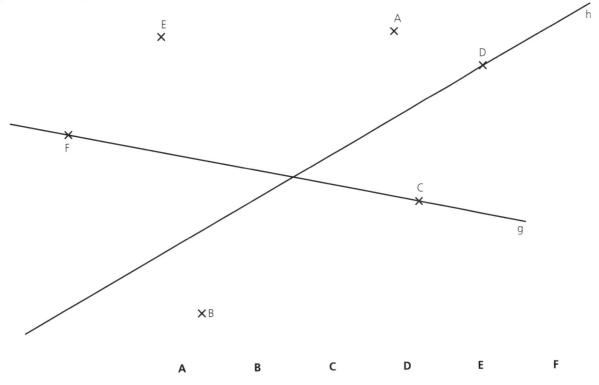

	A	B	C	D	E	F
Abstand zu g in mm						
Abstand zu h in mm						

2 a) Zeichne Punkte, die von der Geraden a
       denselben Abstand haben wie von der
       Geraden b.
    b) Wie viele solcher Punkte gibt es?

_____

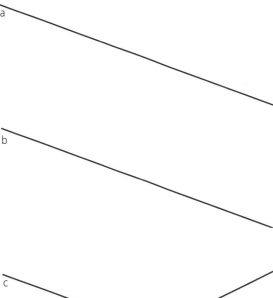

3 a) Zeichne Punkte, die von der Geraden c
       denselben Abstand haben wie von der
       Geraden d.
    b) Wie viele solcher Punkte gibt es?

_____

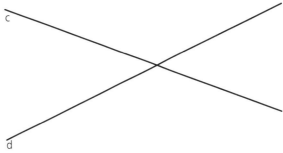

Abstand 2

1 Zeichne Punkte, die von der Geraden a den Abstand 15 mm und von der Geraden b den Abstand 8 mm haben.
Wie viele solcher Punkte gibt es?

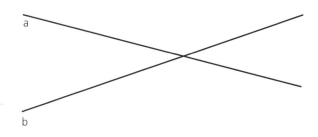

_____

2 Zeichne Punkte, die auf einer Senkrechten zu g durch Q liegen. Ihr Abstand zu g soll doppelt so groß sein wie der Abstand von Q zu g.
Wie viele solcher Punkte gibt es?

_____

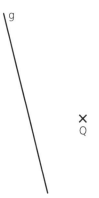

3 Zeichne ein Parallelogramm ABCD, dessen Seiten die Abstände 35 mm bzw. 45 mm haben.
Wie viele solcher Parallelogramme gibt es?

_____

4 Michel findet in einer Bibliothek eine alte Karte. Auf ihrer Rückseite kann er folgenden Text entziffern:

„Der Schatz liegt unter der Nord-Süd-Linie. Um ihn zu finden, bestimme den Punkt P auf dieser Linie, der die kürzeste Entfernung zum Schädelkap hat. Der Abstand des Schatzes von der Grenze ist halb so groß wie der Abstand von P zur Grenze.“

Kann er mit diesen Angaben die Lage des Schatzes bestimmen?
Kann er mit einer einzigen Grabung den Schatz finden?

_____

Koordinatensystem 1

Der Roboter schneidet auf einer geraden Linie von einem Punkt zum nächsten.
Bestimme die Koordinaten der Eckpunkte.

a) A(|); B(|); C(|); D(|); E(|)

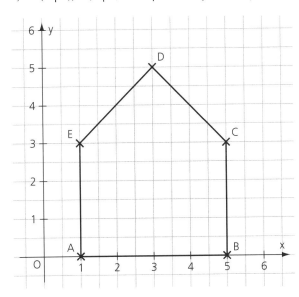

b) A(|); B(|); C(|); D(|); E(|)

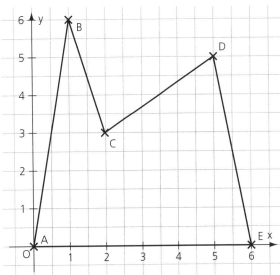

c) A(|); B(|); C(|); D(|); E(|)

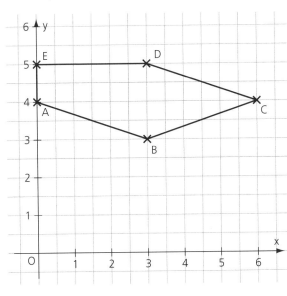

d) A(|); B(|); C(|); D(|); E(|)

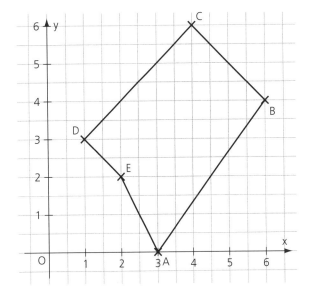

Trage die Punkte ein und verbinde in alphabetischer
Reihenfolge.
A(4|1); B(5|2); C(5|4); D(4|3);
E(2|3); F(3|4); G(3|2); H(2|1)

a) Welcher unvollständige Körper entsteht?

Ergänze fehlende Strecken.

b) Welche Strecken verlaufen parallel zur y-Achse?

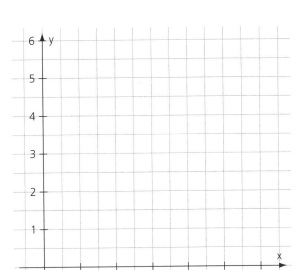

Koordinatensystem 2

1 Trage die Punkte ein und verbinde in alphabetischer Reihenfolge.
A(3|2); B(11|6); C(9|10); D(1|6)
Welche Figur entsteht?

_____

Überprüfe mit dem Geodreieck.

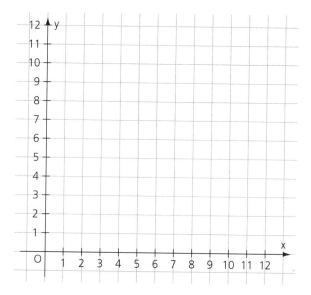

2 Ergänze jeweils zu einem Quadrat und gib die Koordinaten an.

a) A(|); B(|); C(|); D(|)

b) A(|); B(|); C(|); D(|)

Zur Kontrolle: Die Summe der Koordinaten beträgt jeweils 48.

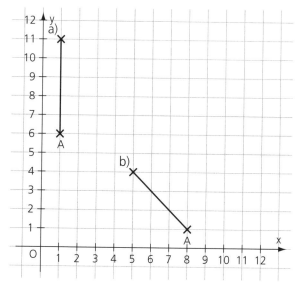

3 a) Trage Punkte ein, die den x-Wert 8 haben. Wo liegen diese Punkte?

_____

b) Trage Punkte ein, die den y-Wert 11 haben. Wo liegen diese Punkte?

_____

c) Trage Punkte ein, bei denen der x-Wert mit dem y-Wert übereinstimmt. Wo liegen diese Punkte?

_____

d) Färbe alle Punkte rot, die einen x-Wert haben, der größer ist als der y-Wert.

e) Färbe alle Punkte blau, die einen x-Wert haben, der kleiner ist als der y-Wert.

f) Welche Punkte werden nicht gefärbt? _____

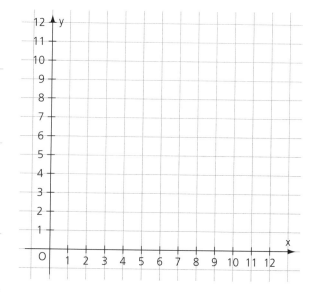

Vierecke

Welche Vierecke lassen sich aus den vier Stäben zusammensetzen?

a)   b)

_____   _____

_____   _____

_____   _____

Welche Eigenschaften haben die Vierecke?

	Quadrat	Rechteck	Raute	Parallelogramm
Vier Seiten sind gleich lang.				
Benachbarte Seiten sind zueinander senkrecht.				
Gegenüberliegende Seiten sind zueinander parallel.				

Hier soll zu einem Rechteck ergänzt werden.

a) A (0|0); B (5|0); C (5|2); D (|)

b) E (4|8); F (1|5); G (3|3); H (|)

c) P (9|4); R (12|7); S (7|12); T (|)

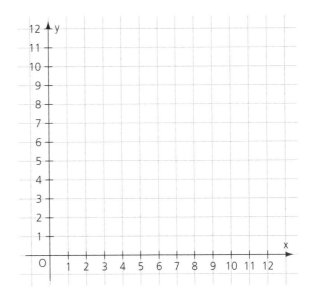

a) Zeichne ein Rechteck mit den Seitenlängen 4 cm und 1,5 cm.

b) Zeichne ein Quadrat mit der Seitenlänge 1,5 cm.

c) Zeichne einen Drachen, dessen Diagonalen 4 cm und 2 cm lang sind.

d) Zeichne ein gleichschenkliges Trapez, dessen parallele Seiten 3 cm und 5 cm lang sind.

Netze 1

1　Welche Netze ergeben einen Würfel? Die Buchstaben der Würfelnetze bilden das Lösungswort.

a)

b)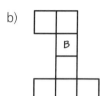

c)

d)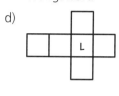

e)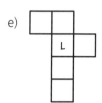

f)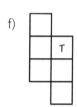

g)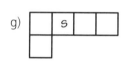

h)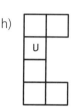

i)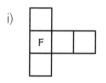

k)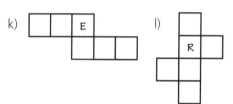

l)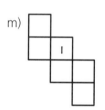

m)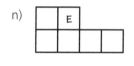

n)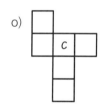

o)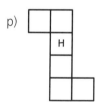

p)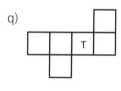

q)

r)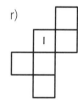

s)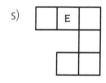

t)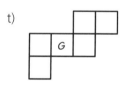

Lösungswort: _____

Netze 2

Würfel, Quader, Pyramide, Zylinder: Welche Körper gehören zu den Netzen?

a) 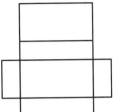 b) 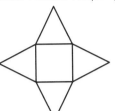 c) 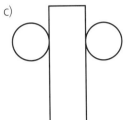 d)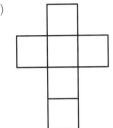

Übertrage die grüne Linie des Würfels in das Würfelnetz.

a) 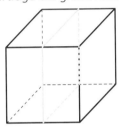 b) 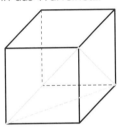 c)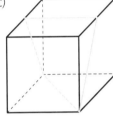

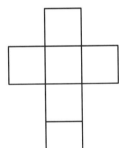 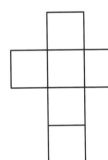 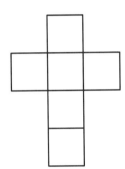

Übertrage die grüne Linie des Würfelnetzes in den Würfel.

a) 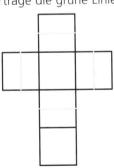 b) 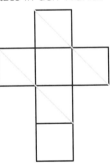 c)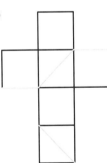

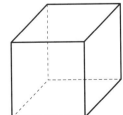 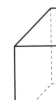

Schrägbilder 1

1 Vervollständige die Schrägbilder des Quaders.

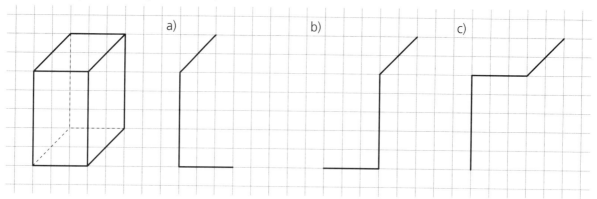

2 Vervollständige zu einem Quader.

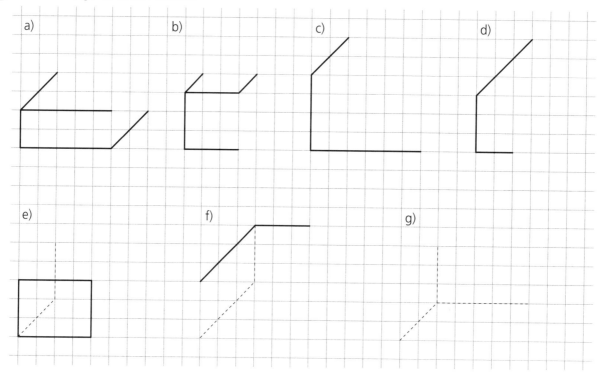

3 Vervollständige die Schrägbilder der Blockbuchstaben.

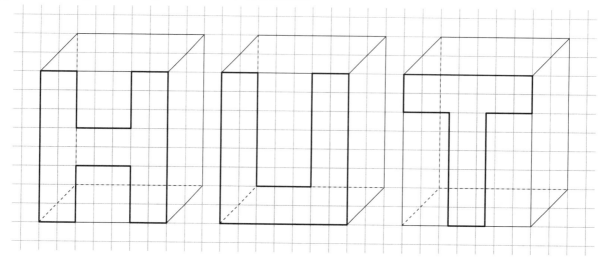

Schrägbilder 2

1 Ergänze die Grundflächen zu einem Körper im Schrägbild mit der Höhe 2,5 cm.

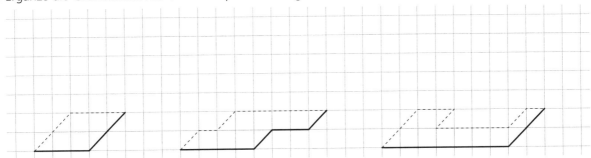

2 Zeichne jeweils zwei verschiedene Schrägbilder des Quaders mit den Seitenlängen:
   a) 1 cm; 2 cm; 3 cm   b) 4 cm; 1,5 cm; 1 cm

3 Zeichne die Figur in doppelter Größe. Trage auch die nicht sichtbaren Linien ein.

4 Zeichne die Figur in halber Größe. Trage auch die nicht sichtbaren Linien ein.

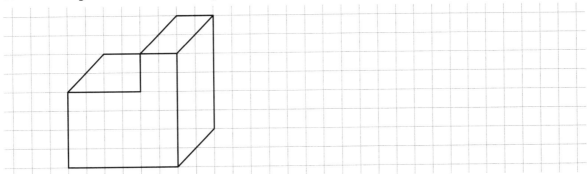

Längen 1

1 Gib in der nächstkleineren und in der nächstgrößeren Einheit an.

800 mm   80 cm   8 dm

3400 cm

2500 dm

93 000 m

540 dm

2 Vervollständige die Tabelle.

280 000 dm	28 000 m	28 km
		76 m
99 000 cm		
	1480 cm	
		3050 dm

3 Schreibe ohne Komma.

a)   12,4 cm = _____ mm

b)   0,5 km = _____

c)   0,87 dm = _____

d)   28,94 km = _____

e)   28,94 m = _____

4 Verwandle in die angegebene Einheit.

a)   6,3 km = _____ dm

b)   53 000 cm = _____ km

c)   0,02 m = _____ mm

d)   27,8 dm = _____ m

e)   45 600 mm = _____ m

5 Gib in der kleineren und der größeren Einheit an.

a) _____ m = 2 m 5 dm = _____ dm   b) _____ = 10 dm 3 cm = _____

c) _____ = 6 m 12 dm = _____   d) _____ = 8 dm 20 mm = _____

e) _____ = 7 cm 45 mm = _____   f) _____ = 4 m 9 cm = _____

6 Steht das Gleichheitszeichen zu Recht? Falls ja, wähle den grünen Buchstaben, falls nein, den schwarzen.

a) 5 dm 2 mm = 50,2 cm   S   R   b) 3 km 900 dm = 3,9 km   E   I

c) 7,048 m = 7 m 48 cm   T   N   d) 8,2 km = 8 km 200 m   G   D

e) 1 cm 800 mm = 81 cm   E   A   f) 4190 cm = 4 m 19 dm   R   N

Lösungswort: _____

7 Runde auf ganze Meter.

a) 15,4 m ≈ _____ m

b) 1,54 m ≈ _____ m

c) 27,3 dm ≈ _____ m

d) 85,9 cm ≈ _____ m

e) 7495,8 mm ≈ _____ m

f) 451 cm ≈ _____ m

Längen 2

Berechne. Das Ergebnis führt dich zur nächsten Aufgabe. Färbe das letzte Ergebnis.

60 cm + 1,8 m = 240 cm

400 cm − 400 mm = _____

22 dm · 8 = _____

2,4 m − 8 dm = _____

300 m : 15 = _____

11 m : 5 = _____

1200 mm · 200 = _____

176 dm − 160 cm = _____

0,24 km + 60 m = _____

36 dm − 2,4 m = _____

160 cm + 94 dm = _____

16 m : 4 = _____

Additionsmauer

930 mm

5 dm   3 cm   25 mm   1,5 cm   1 dm

Subtraktionsmauer

50 m   200 dm   15 m   135 dm   13 000 mm

19 m

Bei der Spirale ist die kürzeste Strecke 3 mm lang. Die folgende Strecke ist immer 4 mm länger als die vorhergehende.

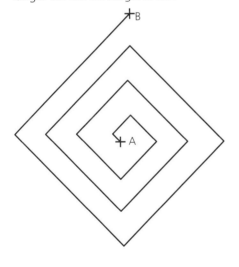

a) Wie lang ist die längste Strecke?

_____

b) Ein Marienkäfer krabbelt auf der Spirale von A nach B. Wie lang ist der Weg?

_____

c) Von B aus setzt er seinen Weg nach diesem Muster fort. Wie oft muss er abbiegen, wenn er genau die gleiche Streckenlänge noch einmal krabbeln möchte?

_____

Ein Geschenkpaket ist 40 cm lang, 24 cm breit und 7 cm hoch. Man kann das Geschenkband auf verschiedene Arten anbringen.
Wie viel Band braucht man jeweils, wenn für die Schleife zusätzlich 65 cm benötigt werden?

a)
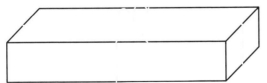

b)

Maßstab

1 Eine Landkarte ist im Maßstab 1 : 1 000 000 erstellt worden. Gib die tatsächliche Länge an.

a) 3 cm auf der Karte entsprechen _____

b) 12 cm entsprechen _____

c) 5 mm entsprechen _____

d) 1 mm entspricht _____

e) 8,6 cm entsprechen _____

2 Bestimme den Maßstab für die jeweilige Landkarte.

a) 1 cm entspricht 10 km _____

b) 1 cm entspricht 4 km _____

c) 1 cm entspricht 100 m _____

d 1 cm entspricht 250 m _____

e) 1 cm entspricht 0,75 km _____

3 Wie lang sind die angegebenen Strecken bei den jeweiligen Maßstäben in Wirklichkeit?

Streckenlänge im Heft	Maßstab 1 : 500	Maßstab 1 : 2000	Maßstab 1 : 10 000
2 cm			
15 cm			
8 mm			
11 dm			

4 Wie lang wären die angegebenen Strecken bei den jeweiligen Maßstäben?

Streckenlänge in Wirklichkeit	Maßstab 1 : 200	Maßstab 1 : 5000	Maßstab 1 : 100 000
5 km			
2 km			
30 km			

5 Ein Spielzeugauto hat eine Länge von 6,8 cm. Es ist im Maßstab 1 : 50 angefertigt. Wie lang ist das Auto in Wirklichkeit?

6 Ein 38,40 m hoher Turm wird im Maßstab 1 : 30 nachgebaut. Wie hoch ist das Modell?

7 Ein Stadtplan hat den Maßstab 1 : 3000.
a) Wie lang ist auf ihm eine 150 m lange Straße?

b) Die Kurstraße ist auf dem Plan 3 mm lang. Wie lang ist sie in Wirklichkeit?

8 Aufgepasst: Hier wird vergrößert. Zeichne ein 3 mm langes und 2 mm breites Rechteck im Maßstab 20 : 1.

Zeit

Am 28. Mai geht die Sonne an verschiedenen Orten der Welt zu unterschiedlichen Zeiten auf bzw. unter. Berechne die fehlenden Größen.

Ort	Sonnenaufgang	Sonnenuntergang	Tageslänge
Kiel	5.00	21.32	
Berlin	4.57		16 h 13 min
Essen	5.31	21.26	
München	5.23	20.58	
Salzburg (Österreich)		20.49	15 h 29 min
Athen (Griechenland)	6.09		14 h 28 min
St. Petersburg (Russland)	5.05	22.47	
Nuuk (Grönland)		23.02	19 h 18 min

Verwandle in die angegebene Einheit

a)   12 h = _____ min

b) 480 min = _____ h

c)   6 d = _____ h

d)   288 h = _____ d

e)   15 min = _____ s

f)   3480 s = _____ min

Jule hat fünf ihrer Lieblingslieder aufgenommen:

„Kleiner Schneemann"   5 min 35 s
„Rote Rosen für Tina"   4 min 23 s
„Teddy Brummbär"   5 min 09 s
„Mein buntes Kuscheltier"   3 min 58 s
„Der Erdbeer-Song"   4 min 48 s

Zwischen den Stücken ist jeweils eine Pause von 4 s. Wie lang ist die Aufnahme?

_____

Wie spät ist es?

a) 23 min vor 16 Uhr _____

b) 1 h 48 min nach 6 Uhr _____

c) 3 h 13 min vor 23 Uhr _____

d) 48 min vor halb Zehn _____

Wie viele Stunden und Minuten sind es bis Mitternacht?

a) 15.27 Uhr _____

b) 6.12 Uhr _____

c) 13.48 Uhr _____

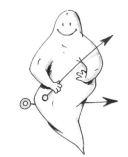

Ordne die Zeitspannen nach der Größe. Beginne mit der kleinsten.

a) 134 min; 3 h; 7920 s; 2 h 4 min; 2 h 900 s

_____

b) 1 d 17 h; 35 h 310 min; 39 h; 2400 min; 1 d 12 h 420 min

_____

c) 13 h 25 min; 695 min; 48 000 s; $\frac{1}{2}$ d; 650 min 300 s

_____

Geld – Zeit

1. Jan kauft drei Gläser Erdbeermarmelade, von denen jedes 2,49 € kostet. Er zahlt mit einem 10-€-Schein. Wie viel Geld bekommt er zurück? _____

2. Sarah muss ihrer Freundin Luisa noch 3,80 € geben, hat aber nur einen 5-€-Schein und vier 10-Cent-Stücke. Luisa findet in ihrer Hosentasche zwei 50-Cent-Stücke und eine 1-€-Münze. Wie können die beiden das Problem lösen? _____

3. Franzi hat sich für einen neuen MP3-Player 40 € von ihrer Oma geliehen. Sie kann von ihrem Taschengeld jeden Monat 2,50 € zurückzahlen. Wie viele Monate muss Franzi ihrer Oma Geld geben? _____

4. In der Aktion „Unser Ort soll grüner werden" wurden 194 Bäume zu je 38 € und 443 Sträucher zu je 27 € gepflanzt. Reicht die großzügige Spende einer Firma in Höhe von 20 000 €? _____

5. Bei einem Fußballspiel werden die in nebenstehender Tabelle angegebenen Karten verkauft.
   a) Wie viel Geld nimmt der Verein ein?

   _____

   b) Wie viel Gewinn macht der Verein, wenn ihm für die Ausrichtung des Spiels Kosten in Höhe von 79 000 € entstehen?

   _____

Platz	Karten	Einnahmen
Tribüne I (26 €)	2 514	
Tribüne II (21 €)	3 850	
Tribüne III (16 €)	5 982	
Stehplatz (8 €)	22 371	
Summe		

6. Bei einem Wettlauf werden zwei Durchgänge durchgeführt und dann die Zeiten der beiden Läufe addiert. Die Gesamtzeit entscheidet über die Platzierung.
   Ermittle die Platzierung der Läuferinnen und Läufer und vergleiche sie mit dem Zwischenstand nach dem ersten Rennen. Wer hat sich in der Platzierung am meisten verbessert? Markiere farbig.

Name	1. Lauf	Zwischenstand	2. Lauf	Gesamtzeit		Platz
Thomas	48,6 s		49,5 s	min	s	
Malte	49,2 s		48,9 s	min	s	
Sabine	48,4 s		49,6 s	min	s	
Emma	48,9 s		49,7 s	min	s	
Tim	48,3 s		49,8 s	min	s	
Katrin	49,5 s		50,3 s	min	s	
Eva	48,3 s		49,6 s	min	s	

7. Für Fernsehwerbung muss eine Firma 900 € pro Sekunde bezahlen.
   Die Firmenwerbung wird am Montag eine Minute lang, am Dienstag eine halbe Minute lang und am Mittwoch 15 s lang ausgestrahlt.
   Wie teuer ist die gesamte Werbeaktion?

   _____

Gewicht 1

Wandle in die angegebenen Einheiten um:

a) 2,67 kg = _____ g   b) 5,3 g = _____ mg

c) 9,743 t = _____ kg   d) 4,008 g = _____ mg

e) 19,07 t = _____ kg   f) 0,051 kg = _____ mg

g) 12 400 mg = _____ g   h) 23 000 kg = _____ t

i) 2 580 000 g = _____ kg   k) 928 g = _____ kg

l) 8150 mg = _____ g   m) 1 234 500 g = _____ t

n) 2 kg 456 g = _____ g   o) 3 t 25 kg = _____ kg

Ordne die Gewichte der Größe nach. Beginne mit dem kleinsten Gewicht.
a) 43 kg; 430 g; 4300 mg; 0,43 t; 4 343 kg; 4,3 kg; 430 430 g

_____

b) 3,04 t; 3450 kg; 3 t 45 kg; 35 t 4 kg; 350 t 40 kg; 3,0045 t; 34 500 000 g

_____

Finde zuerst heraus, welche Aufgaben richtig und welche Aufgaben falsch
gelöst wurden, markiere mit r oder f. Korrigiere die falsch gelösten Aufgaben.
*In dem Kasten stehen die zugehörigen richtigen Lösungen. Die Buchstaben ergeben in
der Reihenfolge der Aufgaben das Lösungswort.*

1) 3,75 kg = 3750 g   2) 41,5 kg = 4150 g

3) 0,063 g = 63 kg   4) 0,0015 t = 1,5 kg

5) 0,25 g = 250 mg   6) 2,5 g = 25 000 mg

7) 2,05 g = 2050 mg   8) 22,5 g = 22 050 mg

9) 23 g = 0,23 kg   10) 2345 g = 234,5 kg

11) 23 kg 5 g = 23,5 kg   12) 6102 mg = 6,102 g

13) 41 020 g = 41,020 kg   14) 3030 kg = 30,30 t

15) 9,001 t = 9001 kg   16) 0,004 t = 400 g

17) 0,002 08 t = 208 kg   18) 52 mg = 0,052 g

19) 21,3 g = 0,213 kg   20) 0,0002 t = 2000 g

3,030 t	2500 mg	0,0213 kg	4000 g	63 mg	22 500 mg
C	E	E	H	I	L
200 g	23,005 kg	2,345 kg	41 500 g	2080 g	0,023 kg
R	S	U	V	W	Z

Lösungswort: _____

Gewicht 2

1 Berechne. Das Ergebnis führt dich zur nächsten Aufgabe. Färbe das letzte Ergebnis.

$5\,kg + 1200\,g =$ _6200 g_

$71\,g - 0,057\,kg =$ _____

$2400\,g : 4 =$ _____

$0,42\,kg + 580\,g =$ _____

$4000\,g : 800 =$ _____

$0,3\,t - 270\,kg =$ _____

$30\,kg + 0,07\,t =$ _____

$600\,g \cdot 500 =$ _____

$5000\,mg + 66\,g =$ _____

$14\,g \cdot 30 =$ _____

$6,2\,kg - 3,8\,kg =$ _____

$100\,kg : 25 =$ _____

2 Ergänze die Figuren.

a)

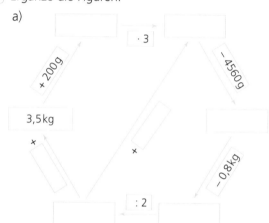

b)

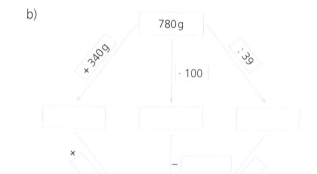

3 Berechne zunächst alle Aufgaben. Lies dann in der Lösungszeile die zu deinen Ergebnissen gehörenden Buchstaben ab. Sie ergeben in der richtigen Reihenfolge ein Lösungswort.

a) $5 \cdot 3,4\,t =$ _____

c) $28\,000\,kg : 70 =$ _____

e) $2735\,g + 8\,kg =$ _____

g) $20\,kg : 400 =$ _____

i) $125\,mg \cdot 8 =$ _____

b) $850\,g + 3400\,mg =$ _____

d) $1\,kg - 122\,g =$ _____

f) $6\,t : 12 =$ _____

h) $865\,kg - 34\,600\,g =$ _____

400 kg	1 g	500 kg	17 t	500 g	850,4 g	830,4 kg	878 g	853,4 g	50 g	18 t	10 735 g
I	T	Z	S	R	A	I	E	P	E	N	L

Lösungswort: _____

4 a) Herr Seemann verkauft in der Woche 380 Tüten mit 2,5 kg Äpfeln. Wie viele Tonnen Äpfel verkauft er pro Woche?

_____

b) Er beschließt, ab sofort nur noch 2-kg-Tüten zu verkaufen. Wie viele Tüten dieser Sorte kann er abpacken?

_____

Länge – Zeit – Gewicht – Geld

Verwandle in die angegebene Einheit. In der Lösungszeile findest du die Maßzahlen.

a) 12 m = _____ cm   b) 0,85 km = _____ dm

c) 3 h = _____ min   d) 56,3 g = _____ mg

e) 5 t = _____ kg   f) 6,07 € = _____ ct

g) 34 dm 22 cm = _____ mm   h) 780 kg = _____ t

i) 65 000 mg = _____ g   k) 36 cm = _____ dm

l) 9000 min = _____ h   m) 5 g 3570 mg = _____ g

Lösungen: 0,78; 3,6; 8,57; 65; 150; 180; 607; 1200; 3620; 5000; 8500; 56 300

Setze das richtige Zeichen (<, >, =) ein.

a) 65 m ___ 560 dm   b) 3,24 kg ___ 3200 g   c) 400 min ___ 7 h

d) 12,34 € ___ 1243 Cent   e) 0,08 m ___ 82 mm   f) 0,5 g ___ 500 mg

g) 2 h 12 min ___ 122 min   h) 81,6 dm ___ 860 cm   i) 680 kg ___ 6,8 t

k) 1700 min ___ 1 d 4 h   l) 350 dm ___ 5000 mm   m) 2563 Cent ___ 26 €

n) 1000 s ___ 18 min   o) 80 g ___ 0,08 kg   p) 48 000 dm ___ 46 km

Fritzchen hat gerundet. Er erzählt:
a) Unser Tisch ist ca. 2 m lang.

 Wie lang könnte er in Wirklichkeit sein?   mindestens _____ *cm*; höchstens _____ *cm*

b) Mein Hund wiegt ca. 4 kg.

 Wie schwer könnte er in Wirklichkeit sein?   mindestens _____ *g*; höchstens _____ *g*

Löse die Textaufgaben.
Die richtigen Ergebnisse findest du in der Tabelle. Die zugehörigen Buchstaben ergeben in der Reihenfolge der Aufgaben den Lösungssatz.

a) Martin läuft jeden Tag 8 Stadionrunden. Eine Runde ist 400 m lang. Wie viele Kilometer schafft er in der Woche?

b) Hanna, Nina, Ole und Jan möchten zusammen ins Schwimmbad gehen. Der Eintritt kostet für jedes Kind 2,30 €, eine Viererkarte kostet 8,60 €. Wie viel Euro spart jedes Kind, wenn sie zusammen eine Viererkarte kaufen?

e) In einem Teebeutel sind 1,5 g Tee. Wie viele Beutel sind in einer 100-g-Packung, wenn die Packung selbst 10 g wiegt?

d) Ein 60 m hoher Turm ist als Modell 24 cm hoch. In welchem Maßstab ist das Modell angefertigt?

c) Herr Bautz zerschneidet eine 2,70 m lange Leiste in 30 cm große Stücke. Wie viele Stücke erhält er?

0,2	0,15	250	9	25	60	22,4	90
TE	TG	AC	EM	HA	HT	GU	RA

Lösungssatz: _____

Runden 1

1 a) Runde auf Zehner.

831 ≈ _____

457 ≈ _____

997 ≈ _____

b) Runde auf Hunderter.

153 ≈ _____

2046 ≈ _____

9551 ≈ _____

c) Runde auf Tausender.

3448 ≈ _____

7803 ≈ _____

10 501 ≈ _____

d) Runde auf Zehntausender.

36 099 ≈ _____

102 897 ≈ _____

1 200 500 ≈ _____

e) Runde auf Hunderttausender.

122 354 ≈ _____

501 090 ≈ _____

849 652 ≈ _____

f) Runde auf Millionen.

1 950 000 ≈ _____

2 099 000 ≈ _____

5 499 600 ≈ _____

2

Runde		auf Zehner	auf Hunderter	auf Tausender
a)	2369			
b)	9505			
c)	12 949			
d)	20 792			

3 Entscheide, ob richtig oder falsch auf Tausender gerundet wurde, und notiere jeweils den Buchstaben. So erhältst du das Lösungswort.

a)

Rundung	richtig	falsch
19 423 ≈ 20 000	B	W
38 911 ≈ 38 900	O	A
7890 ≈ 8000	L	O
43 785 ≈ 44 000	E	T

b)

Rundung	richtig	falsch
723 467 ≈ 720 467	A	K
98 765 ≈ 99 000	O	B
9999 ≈ 9900	E	P
9 736 789 ≈ 9 736 000	R	F

Lösungswort: _____

Lösungswort: _____

4 Reporterin Maike hat Daten gesammelt und überlegt, welche Angaben sie für ihren Artikel runden kann. Von unten nach oben gelesen ergibt sich das Lösungswort.

exakte Datenangaben	Runden Ja	Runden Nein
a) Der Weltrekord im Marathon der Frauen liegt bei 2:15:25 h.	H	E
b) Das Handballendspiel sahen 60 897 Zuschauer live im Olympiastadion.	T	A
c) Die Nummer von Heikes Handy ist 01751245687.	N	R
d) Marias kleine Schwester hat die Kleidergröße 144.	B	A
e) Mein Fahrrad hat ein Gewicht von 7915 g.	K	O

Lösungswort: _____

Runden 2

Wie heißt die kleinste bzw. größte Zahl, die beim Runden

		kleinste Zahl	größte Zahl
a)	auf Zehner 30 ergibt?	30	
b)	auf Zehner 90 ergibt?	90	
c)	auf Hunderter 3200 ergibt?	3200	
d)	auf Hunderter 5100 ergibt?	5100	
e)	auf Hunderter 5000 ergibt?	5000	

Runde	auf 10 Cent	auf Euro	auf 10 Euro
a) 36,75 €			
b) 14,54 €			
c) 199,85 €			
d) 305,05 €			

Lars und Kim überschlagen an der Kasse die Preise. Dazu runden sie die Preise auf volle €-Beträge. Wird das mitgebrachte Geld nach dem Überschlag reichen? Kreuze an.

Radiergummi	2,39	Anspitzer	1,19	Buntstifte	3,69
Packung Patronen	1,98	Schlamper	5,98	Tuschkasten	4,98
Bleistift	0,89	Tintenkiller	2,29	Füller	7,79
3 Pinsel	3,72	Zirkel	5,72	5 Hefte	3,67

Überschlag: _____

Das Geld reicht.
  ja   nein
Rechne genau.

Überschlag: _____

Das Geld reicht.
  ja   nein
Rechne genau.

Überschlag: _____

Das Geld reicht.
  ja   nein
Rechne genau.

Reicht es wirklich?
  ja   nein

Reicht es wirklich?
  ja   nein

Reicht es wirklich?
  ja   nein

Große Zahlen 1

1. Fülle die Lücken in der Tabelle aus.

Vorgänger		8 367 200			5 467 898
Zahl	99 000		3 469 999		
Nachfolger				1 110 099	899 002

2. Ordne zu.

3 030 030	dreitausenddreihundertdrei	30 303
30 333	dreiunddreißigtausenddreihundert	33 300
30 033	dreißigtausenddreihundertdrei	3330
33 030	dreiunddreißigtausenddreißig	3303
33 300	dreihunderttausenddreihundertdrei	303 030
3 003 030	drei Millionen dreißigtausenddreißig	300 303

3. a) Schreibe vollständig mit Ziffern.
   (1) 56 Tausend   (2) 48 Millionen   (3) 8 Milliarden

   _____ _____ _____

   b) Schreibe mit Ziffern.
   (1) größte Zahl mit fünf Stellen
   (2) größte Zahl mit den Ziffern 7, 7, 6 und zwei Nullen
   (3) kleinste Zahl mit den Ziffern 7, 7, 6 und zwei Nullen

   _____ _____ _____

4. Schreibe mit Ziffern.
   a) eintausendneunhundert
   b) drei Millionen zwölftausend
   c) dreihunderttausendneun

   _____ _____ _____

   d) dreihundertneun Billionen
   e) dreitausendneunhundert
   f) fünf Milliarden fünftausendfünfzig

   _____ _____ _____

   g) vierzigtausendundvierzig
   h) achthundertachtzigtausend
   i) achtzigtausendachthundert

   _____ _____ _____

5. Schreibe in Wortform
   a) 3103 _____

   b) 10 010 _____

   c) 91 220 _____

   d) 110 035 _____

   e) 3 120 004 000 000 _____

Große Zahlen 2

Alle Mitglieder der Spargemeinschaft „Ehre den Cent" werfen sonntags alle Münzen, die sie noch im Geldbeutel finden, ins Sparschwein. Am Jahresende wird dann gezählt.

16 735 ct
Alex

26 815 ct
Björn

2 664 ct
Christian

12 445 ct
Dieter

17 499 ct
Erich

Für einen Wochenendausflug benötigen sie 1000 €.
Alex erklärt: „Ich habe alle Einzelbeiträge auf Euro gerundet und addiert. Für den Ausflug brauchen wir noch rund 240 €."
Hat Alex recht? Prüfe nach.

	Alex	Björn	Christian	Dieter	Erich
gerundete Beträge					

Summe der gerundeten Beträge

Markus hat Zahlen nach ihrer Größe mit den Zeichen < und > geordnet.
Dabei hat er einige Fehler gemacht.
Finde heraus, welche Anordnungen falsch sind.

564 760 > 540 676	**Z**	12 998 324 > 13 126 024	**U**
65 009 002 < 65 020 001	**O**	3 090 205 100 < 309 020 599	**A**
12 002 010 011 > 12 003 010 010	**L**	209 < 298 < 2000 < 2090	**R**
1001 < 1100 < 1011 < 1101	**H**	2112 < 2212 < 2122 < 2211	**C**
4098 < 4809 < 4890 < 4908	**T**	99 999 > 99 090 > 90 999 > 99 009	**S**

Wenn du die Buchstaben zu den falschen Angaben der Reihe nach (zeilenweise) aufschreibst, kannst du das Lösungswort erkennen.

Ordne die Zahlen der Größe nach. Beginne mit der kleinsten.
fünfzigtausendfünfhundertfünf,   fünfhunderttausend,   fünftausendfünfhundert,
fünfundfünfzigtausendfünf,   fünftausendfünfzig,   fünfhundertfünftausend

---

In der Tabelle sind neun Achttausender im Himalaya mit ihren Höhen aufgeführt. Ordne sie nach ihrer Höhe. Beginne mit dem „kleinsten".

Cho Oyu	8188 m	**Annapurna**	8091 m	**Lhotse**	8516 m
Dhaulagiri	8167 m	**K2**	8611 m	**Nanga Parbat**	8125 m
Makalu	8485 m	**Manaslu**	8163 m	**Shishapangma**	8027 m

Schriftliches Addieren

1 Gib zunächst einen Überschlag (ÜS) an und berechne dann schriftlich.

a) ÜS: _____

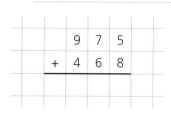

```
      9 7 5
    + 4 6 8
```

b) ÜS: _____

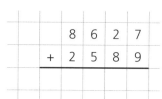

```
    8 6 2 7
  + 2 5 8 9
```

c) ÜS: _____

```
    4 6 8 0 9
  + 7 5 2 3 2
```

d) 5481 + 243 + 67 429

ÜS: _____

e) 92 047 + 6542 + 172

ÜS: _____

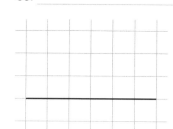

f) 368 + 58 947 + 2048

ÜS: _____

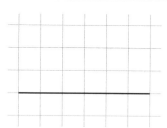

Lösungen: 1443; 1535; 11 216; 16 908; 61 363; 73 153; 98 761; 122 041; 249 834

2 Fülle die Additionstabelle aus.
Zur Kontrolle sind in der Tabelle daneben die zugehörigen Quersummen eingetragen.

+	489	687	879	908			21	21	24	17
78						15	18	18	21	23
129						12	15	15	9	11
863						17	11	11	14	16

3 Die Summe zweier benachbarter Zahlen wird in das darüberliegende Feld eingetragen.

a)

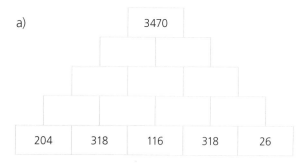

```
                3470



      204   318   116   318   26
```

b)

```
                999


        225           312


    60    49        48    149
```

4 Fülle die Lücken mit den passenden Zahlen aus.

a)
```
    9 3 _
  + 1 _ 8
  + _ 7 6
  -------
    6 3 8
```

b)
```
    1 5 9
  + 6 3 8
  + 2 _ 7 9
  ---------
      0 2 4
```

c)
```
      1 6 4
  + _ _ 0 7
  + 7 5 _ 2
  ---------
    6 6 0 _
```

Schriftliches Subtrahieren

1 Gib zunächst einen Überschlag (ÜS) an und berechne dann schriftlich.

a) ÜS: _____

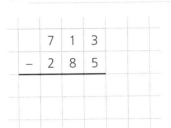

```
      7 1 3
  -   2 8 5
  ─────────
```

b) ÜS: _____

```
    8 1 0 1
  - 5 3 6 2
  ─────────
```

c) ÜS: _____

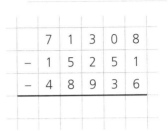

```
    7 1 3 0 8
  - 1 5 2 5 1
  - 4 8 9 3 6
  ───────────
```

2 Subtrahiere die beiden kleineren Zahlen von der größeren. Gib auch einen Überschlag (ÜS) an.

a) 583; 61; 806   b) 1046; 389; 56   c) 871; 2593; 283

ÜS: _____

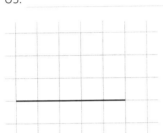

ÜS: _____

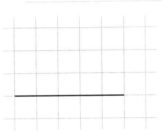

ÜS: _____

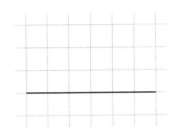

Lösungen zu Aufgabe 1 und 2: 162; 428; 601; 1439; 2739; 7121

3 Finde heraus, welche Aufgaben falsch gerechnet sind. Welches Wort lässt sich aus den Buchstaben bilden, die bei den falsch gerechneten Aufgaben stehen?

```
        4529           45893           36215            56112          4376
  I   - 3184     K   - 9584     L   - 27642     M   - 35994    N   - 3385
       1445           36309            8573            21118          1091

       19562           5321            5634            65432         11987
  P  - 18613     R   - 4432     S   - 4915     T   - 56342     U   - 9328
        949            889             729            9090          2669
```

Lösungswort: _____

4 Die Differenz zweier benachbarter Zahlen wird in das darüberliegende Feld eingetragen.

a)   11

5550   3687   2427   1647   1235

b)   99

                    405   54

                1583   833   323   212

5 Fülle die Lücken mit den passenden Zahlen aus.

a)
```
       7 6
   - 2   3
   -   8 9
   ───────
       6 3
```

b)
```
     8 2 4
   - 1 3   9
   - 2   6 5
   ─────────
       8 0 2
```

c)
```
       7 5 3
   - 2   6 8
   -   1   3
   ─────────
       7 1 6
```

Schriftliches Addieren und Subtrahieren

1 Fülle die Lücken aus.

```
    3 0 8              7 4          1 7 6
  + 1 9 4      +    6 8      +    –    8 5      –      7 9
  ─────────    ─────────    ─────  ─────────    ─────  ─────
               1 9 8        1 9 2                      6 5
```

```
                3 6
    2 0 1     + 1 1 2        1 9 8
  –           +   5 1      +     1 7
  ─────────   ─────────    ───────────
      4 5                       2 5 7
```

```
    5 3          3 9          2 3 1
  +           +   7 8      –       9 8
  +   8 7     +               –     2 3
  ─────────   ─────────    ───────────
    2 5 1       1 6 3
```

```
                2 5 6        3 1 6
  –     7 6     –            –   1 0 3
  –     8 6     –  1 1 2     –
  ─────────   ─────────    ───────────
      3 5        5 1            9 1
```

```
      3 8         9 7 6
  + 2 7          –     8
  ─────────     ─────────
    7   9        1   3
```

Die richtigen Ergebnisse sind in den Feldern oben angegeben. Wenn du die entsprechenden Felder ausmalst, erkennst du ein europäisches Land.

Map fields: 45, 43, 92, 70, 0, 6, 199, 130, 89, 197, 5, 46, 122, 3, 144, 93, 111, 42, 156, 39, 8, 502, 4, 41, 118, 2, 7, 1, 91, 110, 9, 94, 40, 90

2 Ausgehend von der Mitte wird die Summe zweier benachbarter Zahlen in das darüberliegende Feld, die Differenz zweier benachbarter Zahlen in das darunterliegende Feld eingetragen.

a)
```
            5391



                        2211

  860   474   289   193   129



                        55
```

b)
```
            5555



                2211

  925   497         191



                    36



                51
```

Schriftliches Multiplizieren

1 Gib zunächst einen Überschlag (ÜS) an und berechne dann schriftlich.

a) ÜS: _____

b) ÜS: _____

c) ÜS: _____

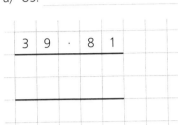

3 9 · 8 1

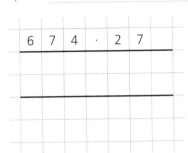

6 7 4 · 2 7

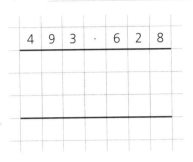

4 9 3 · 6 2 8

2 Berechne die Produkte der Zahlen, indem du zuerst das Produkt aus zwei Zahlen im Kopf bestimmst.

a) 7, 15 und 241

b) 23, 112 und 9

c) 316, 17 und 6

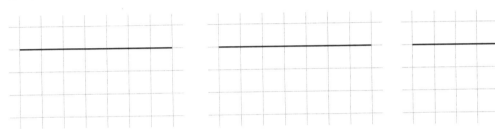

Lösungen zu Aufgabe 1 und 2: 3159; 18198; 23184; 25305; 32232; 309604

3 Finde mithilfe von Überschlagsrechnung drei richtige Aufgaben, schreibe sie auf und überprüfe durch genaues Rechnen.

1. Faktor		2. Faktor		Produkt
98	·	14	=	6302
418		46		9792
306		32		8312
137		74		7252

_____ · _____ = _____

_____ · _____ = _____

_____ · _____ = _____

4 Fülle die Lücken mit den passenden Zahlen aus.

a)
```
6 _ 3 · 3 _ 9
  1 8 0
  4 8 2 4
    5 _ 7
```

b)
```
_ _ · 5 8 2
8 4 8 5
1 3 5 7 6
```

c)
```
6 _ 3 · _ 9
      4 3
          6
```

5 Setze in die Kästchen die passenden Zahlen ein. In jedes Kästchen kommt nur eine Ziffer.

a)
```
[  ] · [  ] = [1 2]
  ·        ·
 6  ·  7  = [    ]
  =    =     =
[1 8] · [  ] = [    ]
```

b)
```
[    ] · [1 5] = [2 1 0]
   ·        ·        ·
[1 7] · [1 3] = [    ]
   =        =        =
[    ] · [    ] = [    ]
```

Schriftliches Dividieren 1

1 Gib zunächst einen Überschlag (ÜS) an und berechne dann schriftlich.

a) ÜS: _____

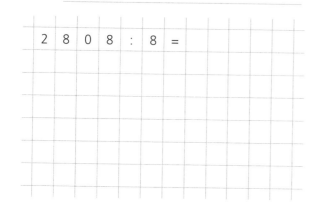

2 8 0 8 : 8 =

b) ÜS: _____

1 5 4 1 : 2 3 =

c) 3822 : 42 = _____

d) 2726 : 58 = _____

e) 16 614 : 78 = _____

Lösungen: 47; 67; 91; 213; 351

2 Ergänze.

Dividend	Divisor	Überschlag	Quotient
2660	76		
3264	68		
5587	37		
4472	52		
1533	73		

3 Finde mithilfe von Überschlagsrechnung drei richtige Aufgaben. Schreibe sie auf und überprüfe durch genaues Rechnen.

Dividend		Divisor		Quotient
1007	:	38	=	63
322		31		53
3104		19		46
1953		7		71

_____ : _____ = _____

_____ : _____ = _____

_____ : _____ = _____

4 Fülle die Lücken mit den passenden Zahlen aus.

a)
```
1 _ 1 _ 2 : 2 8 = _ 6
  8 _
  1 7 _
  1 _ 8
    1 2
    1 1
       0
```

b)
```
1 _ 5 _ 2 : 5 8 = 3 _
  1 1 6
    1 _ 7
        4
      2 3 2
         0
```

Schriftliches Dividieren 2

Berechne die Quotienten. Die richtigen Ergebnisse sind im Zahlenfeld angegeben. Male die Felder der Quotienten grau und die der Reste gelb aus.

1314 : 23 = _____

5631 : 9 = _____

6157 : 41 = _____

7866 : 58 = _____

2817 : 19 = _____

3195 : 72 = _____

4508 : 87 = _____

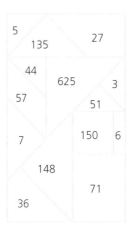

Finde heraus, welche Aufgaben falsch gerechnet sind, und korrigiere sie. Welches Wort lässt sich aus den Buchstaben bilden, die bei den falsch gerechneten Aufgaben stehen?

S	376 : 7 = 53 + 5 : 7	**T**	459 : 8 = 56 + 3 : 8
E	607 : 9 = 67 + 8 : 9	**I**	976 : 13 = 65 + 1 : 13
G	852 : 17 = 50 + 2 : 17	**L**	1012 : 22 = 46 + 4 : 22
E	2007 : 29 = 68 + 6 : 29	**R**	3427 : 38 = 91 + 7 : 38

Lösungswort: _____

Fülle die Lücken in der Rechenkette aus.

421344 ⟩ : 9 ⟩ : 28 ⟩ : 8 ⟩ : 19 ⟩ 11

Die Division der Zahl in der Blütenmitte durch eine der Zahlen auf den Blütenblättern ergibt die Zahl auf dem linken Blatt. Der auftretende Rest ist auf dem rechten Blatt vermerkt. Schreibe die Rechnung auf.

a)   b)   c)   d)

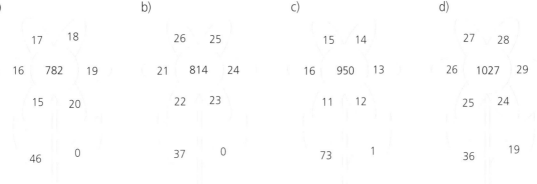

Schriftliches Multiplizieren und Dividieren

 Gib zunächst einen Überschlag (ÜS) an und berechne dann schriftlich.

a) ÜS: _____

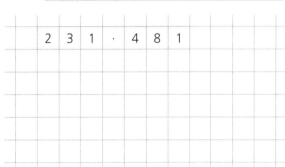

2 3 1 · 4 8 1

b) ÜS: _____

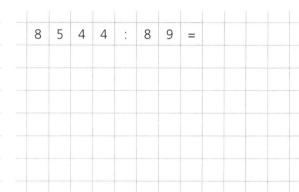

8 5 4 4 : 8 9 =

c) ÜS: _____

6 7 8 5 : 5 9 =

d) ÜS: _____

2 3 5 4 · 2 0 6

e) 67 · 839 = _____

f) 1972 : 68 = _____

 Fülle die Lücken aus. Die richtigen Ergebnisse findest du in der darunter liegenden Zeile. Wenn du die zugehörigen Buchstaben in der Reihenfolge der Aufgaben aufschreibst, kannst du das Lösungswort erkennen.

Aufgabe	1	2	3	4	5	6	7	8	9
1. Faktor	36	17		26	68	47		74	18
2. Faktor	24		13		12		39		51
Produkt		901	897	754		846	975	962	

Aufgabe	10	11	12	13	14	15	16	17	18
Dividend		868	803	943		512	884	893	
Divisor	38		11		27		34		37
Quotient	26	14		23	37	16		47	24

13	18	19	25	26	29	32	41	53	62	69	73	816	864	888	918	988	999
H	E	C	R	H	H	R	F	E	L	N	T	C	N	S	C	I	I

Lösungswort: _____

Schriftliches Rechnen

Kreuz und quer durch das schriftliche Rechnen!
Löse die Aufgaben. Trage dann die Ergebnisse
an entsprechender Stelle in das Kreuzzahl-
rätsel ein.
Dabei bedeutet z. B.
3s) bei 3 senkrecht und
8w) bei 8 waagerecht eintragen.
In jedes Kästchen wird nur eine Ziffer geschrieben.

1	2			3	4	5
6			7			
8		9				
	10			11	12	
13		14	15			16
17	18				19	
20				21		

3s)
```
    5 1 3 4 6
  + 2 9 8 1 4
  +   7 7 2 8
  _____
```

9s)
```
    3 6 8 9
  + 9 8 7 2
  + 7 9 7 6
  _____
```

12s)
```
    6 5 8 3
  + 2 6 6 8
  _____
```

10w)
```
    3 1 4 5
  - 3 0 7 4
  _____
```

11w)
```
    9 0 1 5
  - 8 3 8 4
  -   5 4 2
  _____
```

19w)
```
    1 6 7 7
  - 1 0 5 8
  -   5 6 2
  _____
```

8w)   3 5 6 · 1 5 8

14w)   9 2 8 · 5 8

7w)   3 6 4 · 2 7

3w)   2 4 7 6 6 : 2 9 =

13s)   2 3 5 6 8 : 4 8 =

Berechne jeweils die Zahl, die man für   einsetzen muss.

17w)   27 · 342 =

1w)   17 ·   = 5270

21w)   · 21 = 4473

2s)   691 + 676 =

5s)   179 +   = 661

1s)   + 1257 = 1632

20w)   18683 : 119 =

6w)   15914 :   = 218

7s)   : 2 = 47

4s)   5698 −   = 5646

15s)   2021 − 1987 =

18s)   − 11 = 14

16s)   5676 : 12 =

Term und Rechenbaum 1

1 Ordne die Terme den geeigneten Rechenbäumen zu und nutze diese zur Berechnung.

$$(27 - 9) \cdot 4 : 12 \qquad (3 + 7) \cdot (23 - 14) \qquad 112 : (7 \cdot 4) \qquad (13 \cdot 8) : (43 - (17 + 22))$$

a)

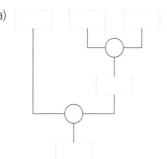

Term: _____

b)

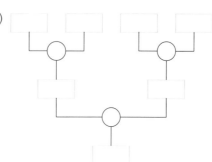

Term: _____

c)

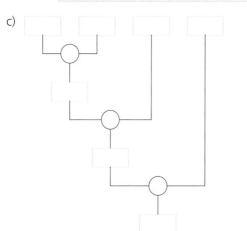

Term: _____

d)

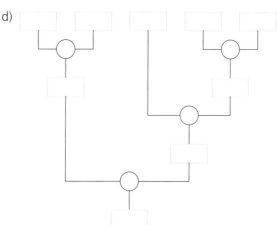

Term: _____

2 Klammern vergessen. Setze mithilfe des Rechenbaums die richtigen Klammern.
Vermeide unnötige Klammern. Berechne die Terme. Nutze den Rechenbaum als Hilfe.

a)

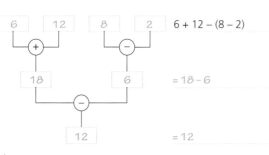

$6 + 12 - (8 - 2)$

$= 18 - 6$

$= 12$

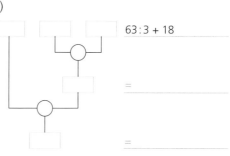

$63 : 3 + 18$

$=$

$=$

b)

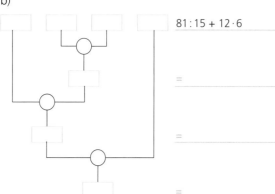

$81 : 15 + 12 \cdot 6$

$=$

$=$

$=$

c)

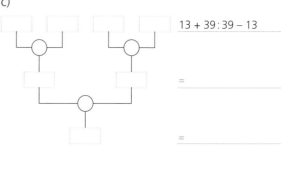

$13 + 39 : 39 - 13$

$=$

$=$

Term und Rechenbaum 2

Berechne die Terme. Nutze den Rechenbaum als Hilfe, indem du die richtigen Felder ausfüllst und die zugehörigen Verbindungen einzeichnest.

a)

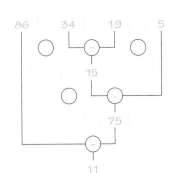

$86 - (34 - 19) \cdot 5$

$= 86 - 15 \cdot 5$

$= 86 - 75$

$= 11$

$148 - 4 \cdot 37$

$=$

$=$

b)

$12 + (8 \cdot 11 - 77)$

$=$

$=$

$=$

c)

$(78 - 59) \cdot (49 : 7)$

$=$

$=$

$=$

d)

$(23 - (32 - 13)) \cdot 43$

$=$

$=$

$=$

e)

$7 \cdot ((56 + 65) : 11)$

$=$

$=$

Ergänze die fehlenden Teile. Berechne den Term mithilfe des Rechenbaums.

a) Term: $(3 + 4) \cdot 7$

Text: Multipliziere die

Summe von drei und vier

mit sieben.

Rechenbaum:

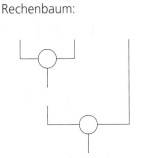

b) Term:

Text:

Rechenbaum:

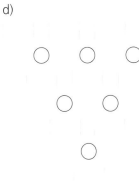

c) Term: $(107 - 12) : 5$

Text:

Rechenbaum:

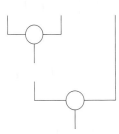

Aufstellen und Berechnen von Termen 1

1 Berechne die Terme wie im Beispiel.

$75 - (23 - 16) = 75 - 7$

$\quad = 68$

a) $75 + (23 - 16) =$ _____

$\quad =$ _____

b) $75 - (23 + 16) =$ _____

$\quad =$ _____

c) $103 + (48 - 23) =$ _____

$\quad =$ _____

d) $103 - (48 - 23) =$ _____

$\quad =$ _____

Lösungen: 36; 78; 82; 128

2 Übersetze den Text in einen Term und berechne wie im Beispiel.

Addiere zu 36 den Quotienten von 6 und 3.

$36 + 6 : 3 \qquad = 36 + 2$

$\qquad = 38$

a) Dividiere die Differenz von 36 und 6 durch 3.

$=$ _____

$=$ _____

b) Dividiere 36 durch die Summe von 6 und 3.

$=$ _____

$=$ _____

c) Addiere 3 zum Quotienten von 36 und 6.

$=$ _____

$=$ _____

d) Multipliziere die Summe von 36 und 6 mit 3.

$=$ _____

$=$ _____

e) Subtrahiere von 36 die Summe von 6 und 3.

$=$ _____

$=$ _____

f) Dividiere 36 durch den Quotienten von 6 und 3.

$=$ _____

$=$ _____

g) Multipliziere 36 mit der Differenz von 6 und 3.

$=$ _____

$=$ _____

Die richtig übersetzten Terme findest du in der ersten Zeile. Die zugehörigen Buchstaben ergeben in der Aufgaben-reihenfolge den ersten Teil des Lösungsspruchs. Außerdem sind die berechneten Terme in der Zeile darunter ange-führt. Die zugehörigen Buchstaben ergeben den zweiten Teil des Lösungsspruchs.

$(36 + 6) \cdot 3$	$36 : 6 + 3$	$36 \cdot (6 - 3)$	$(36 - 6) : 3$	$36 - (6 + 3)$	$36 : (6 + 3)$	$36 : (6 : 3)$
K	N	O	P	T	U	V
18	108	27	10	126	4	9
C	H	I	R	R	S	T

Lösungsspruch: _____

3 Setze für ☐ die passende Zahl ein.

$28 - (12 - \square) = 19$ $\qquad$ $(16 - \square) : 5 = 3$ $\qquad$ $24 : (12 - \square) = 4$ $\qquad$ $(16 - \square) \cdot 4 = 32$

$45 : (\square : 3) = 15$ $\qquad$ $7 \cdot (1 + \square) = 56$ $\qquad$ $24 : (\square \cdot 2) = 3$ $\qquad$ $25 + 3 \cdot \square = 40$

Lösungen: 1; 3; 4; 5; 6; 7; 8; 9

Aufstellen und Berechnen von Termen 2

  Finde heraus, welche Aufgaben falsch gerechnet sind, und korrigiere sie.
Welches Wort lässt sich aus den Buchstaben bilden, die bei den falsch gerechneten Aufgaben stehen?

a) $36 - 3 \cdot 8 = 264$ **K**   b) $20 + 8 : 2 = 14$ **L**

c) $72 : (2 + 4) = 12$ **F**   d) $11 \cdot 6 - 3 \cdot 4 = 252$ **A**

e) $60 : (6 - 4) = 6$ **M**   f) $(25 - 5) : (3 + 2) = 4$ **P**

g) $(28 + 12) : (2 \cdot 4) = 80$ **M**   h) $((28 + 12) : 4) \cdot 2 = 20$ **U**

i) $6 \cdot 7 - 6 \cdot 6 + 12 : 3 = 6$ **E**   j) $5 \cdot 9 - (7 \cdot 2 + 2 \cdot 8) = 47$ **R**

Lösungen der korrigierten Aufgaben: 5; 10; 12; 15; 24; 30; 54

Lösungswort: _____

Setze in jeden Term für ☐ nacheinander die Zahlen 1, 2, 3 und 4 ein und berechne ihn.

	$11 + 2 \cdot ☐$	$24 : ☐ - 6$	$(6 \cdot ☐ + 9) : 3$	$(☐ + 5) \cdot 4 + 2$
1				
2				
3				
4				

Lösungen: 0; 2; 5; 6; 7; 9; 11; 13; 15; 17; 18; 19; 26; 30; 34; 38

Berechne die Terme wie im Beispiel.

$$48 + (24 - 12) \cdot 6 = 48 + 12 \cdot 6$$
$$= 48 + 72$$
$$= 120$$

a) $48 - (24 - 12 : 6) =$ _____

      $=$ _____

      $=$ _____

b) $48 \cdot [(24 - 12) : 6] =$ _____

      $=$ _____

      $=$ _____

c) $[48 : (24 - 12)] \cdot 6 =$ _____

      $=$ _____

      $=$ _____

d) $(48 + 24 : 12) \cdot 6 =$ _____

      $=$ _____

      $=$ _____

Lösungen: 24; 26; 96; 300

Setze Rechenzeichen und Klammern so, dass das Ergebnis stimmt.

$31 \quad 5 \quad 4 = 9$ $5 \quad 6 \quad 3 \quad 8 = 15$

$5 \quad 4 \quad 3 \quad 2 = 1$ $8 \quad 2 \quad 9 \quad 2 = 66$

$10 \quad 3 \quad 2 = 14$ $11 \quad 7 \quad 5 \quad 2 = 12$

Teiler und Vielfache

1. Kreuze in der Tabelle für jede Zahl an, ob sie den links stehenden Teiler hat.

Teiler	42	54	56	100	120	144	168	225	252	280	504
2											
3											
4											
5											
6											
7											
8											
9											
10											
25											

Insgesamt brauchst du 58 Kreuze.

2. Gib die Teiler- bzw. Vielfachenmengen an.

a) $T_{42} =$ _____

b) $T_{26} =$ _____

c) $V_{13} =$ _____

d) $V_{17} =$ _____

e) $T_{75} =$ _____

f) $V_{14} =$ _____

g) $T_{32} =$ _____

h) $T_{43} =$ _____

i) $T_{330} =$ _____

3. Finde die steckbrieflich gesuchten Zahlen.

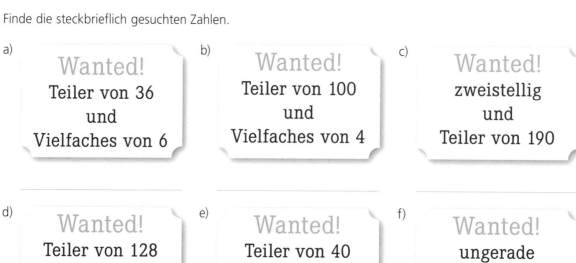

a)
Wanted!
Teiler von 36
und
Vielfaches von 6

b)
Wanted!
Teiler von 100
und
Vielfaches von 4

c)
Wanted!
zweistellig
und
Teiler von 190

d)
Wanted!
Teiler von 128
und
Vielfaches von 16

e)
Wanted!
Teiler von 40
und
Teiler von 50

f)
Wanted!
ungerade
und
Teiler von 84

ggT und kgV

Fülle aus.

a)

ggT	6	8	10	20	45
6					
9					
15					
40					
72					

b)

kgV	2	3	8	12	15
4					
5			12		
9					12
16				−42	
20					

a) Trage in die Mauer den ggT der beiden darüberstehenden Zahlen ein.

b) Trage in die Mauer das kgV der beiden darunter stehenden Zahlen ein.

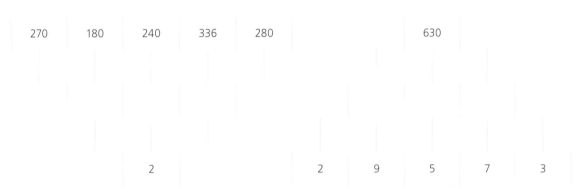

Lisa will die Papierstreifen zum Basteln in gleich lange Stücke schneiden, die mindestens 2 cm lang sind.

60 cm
48 cm
42 cm

a) Welche Längen kann sie schneiden?

b) Wie viele Stücke erhält sie jeweils?

Tobias und Tim lassen ihre Autos auf einer Spielzeugrennbahn fahren.
Tobias' Auto braucht für eine Runde 22 s, Tims Auto 24 s.
a) Nach wie vielen Sekunden sind die Autos das erste Mal wieder auf gleicher Höhe?

b) Wie viele Runden sind sie dann gefahren?   Tim: Runden, Tobias: Runden.

c) Wie lange müssen sie fahren, bis Tim dreimal von Tobias überrundet wurde?

d) Tim trainiert fleißig und schafft beim nächsten Spieletreffen die Runde in 20 s.

Wie oft überrundet er Tobias in einem 10-Minuten Rennen?

Bäcker Sontag will seinen Pflaumenkuchen auf einem 96 cm langen und 60 cm breiten Kuchenblech in gleich große quadratische Stücke schneiden.
a) Wie groß kann er die Stücke höchstens machen?

b) Wie viele Stücke werden es dann?

Stellenwertsysteme

1 Wandle die folgenden Zahlen aus dem jeweiligen System in das Zehnersystem um.
Nutze dazu die Stellenwerttafeln.

a) $(101101)_2$ $(11111)_2$ b) $(111100)_2$ $(101010)_2$

Stellenwert	32	16	8	4	2	1
Zahl im 2er-System						
Zahl im 10er-System						

Stellenwert

Zahl im 2er-System

Zahl im 10er-System

Stellenwert	8		2	1
Zahl im 2er-System				
Zahl im 10er-System				

Stellenwert

Zahl im 2er-System

Zahl im 10er-System

2 Stelle die Zahlen 37, 65 und 1023 im 2er-System in den Stellenwerttafeln dar.

Stellenwert   **Stellenwert**

Zahl im 2er-System   **Zahl im 2er-System**

Stellenwert

Zahl im 2er-System

3 Löse die Aufgaben im angegebenen Stellenwertsystem.

a)
$$\begin{array}{r} (1\ \ 1\ \ 1\ \ 1\ \ 0)_2 \\ +\ (1\ \ 0\ \ 0\ \ 1\ \ 1)_2 \\ \hline (\hspace{4em})_2 \end{array}$$

b)
$$\begin{array}{r} (1\ \ 0\ \ 0\ \ 0\ \ 0)_2 \\ -\ (0\ \ 0\ \ 0\ \ 1\ \ 1)_2 \\ \hline (\hspace{4em})_2 \end{array}$$

c)
$$\begin{array}{r} (1\ \ 0\ \ 0\ \ 0\ \ 1)_2 \\ +\ (1\ \ 1\ \ 1\ \ 1\ \ 0)_2 \\ \hline (\hspace{4em})_2 \end{array}$$

d)
$$\begin{array}{r} (1\ \ 1\ \ 1\ \ 0)_2 \\ -\ (1\ \ 0\ \ 0\ \ 1)_2 \\ \hline (\hspace{4em})_2 \end{array}$$

e)
$$\begin{array}{r} (\ \ 1\ \ \hspace{2em}\ 1)_2 \\ +\ (0\ \ 0\ \ 0\ \ 0\ \ 1)_2 \\ \hline (1\ \ 0\ \ 0\ \ 0\ \ 0\ \ \ )_2 \end{array}$$

f)
$$\begin{array}{r} (1\ \ \hspace{2em}\ 1\ \ 1\ \ \ )_2 \\ +\ (1\ \ 0\ \hspace{4em})_2 \\ \hline (1\ \ \hspace{1em}\ 1\ \ 0\ \ \ 0)_2 \end{array}$$

4 Auf einer Klassenfahrt wollen Frau Mispagel (32 Schüler), Herr Zufall (29 Schüler) und Frau Reinhard (30 Schüler) mit ihren drei Klassen rudern gehen. Man kann beim Bootsverleih Einer, Zweier, Vierer und Achter Ruderboote mieten. Beim Anmieten der Boote muss Folgendes beachtet werden:
Die Klassen sollen in den Booten nicht gemischt werden. Alle gemieteten Boote müssen voll besetzt werden. Pro Klasse sollen möglichst wenige Boote angemietet werden.

a) Berechne, welche Boote die Lehrkräfte jeweils anmieten müssen.

	Achter	Vierer	Zweier	Einer
Mispagel				
Zufall				
Reinhard				

b) Der Bootsverleih hat viele Achter. Pro Klasse stehen aber immer nur ein Einer, ein Zweier und ein Vierer zur Verfügung. Begründe, dass das ausreicht.

Römische Zahlen

Wandle die römischen Zahlen um. Das Beispiel hilft dir.

MCMLXXXIX = M + CM + L + XXX + IX = 1000 + 900 + 50 + 30 + 9 = 1989

a)   DLV = _____

b)   MCXI = _____

c)   XCIV = _____

d)   CDXLIV = _____

e) MDCCLX = _____

f)   CMXCIX = _____

g) MCCCXIII = _____

h)   CDXCIX = _____

i)   DXL = _____

k) MMDXCIV = _____

Wandle die arabischen Zahlen in römische Zahlen um.
Tipp: Beginne immer links.

	M	CM	D	CD	C	XC	L	XL	X	IX	V	IV	I	
	1000	900	500	400	100	90	50	40	10	9	5	4	1	
2748	2	0	1	0	2	0	0	1	0	0	1	0	3	MMDCCXLVIII

a) 1466

b) 2329

c) 1844

d)   999

e) 2548

f) 1367

g)   439

Die folgenden Gleichungen sind falsch. Sie lassen sich aber durch die Anweisung in eine richtige Gleichung verwandeln. Schreibe richtig.

a) Vertausche zwei römische Ziffern.

$$CXXXIV + XVI = L$$

b) Füge zwei römische Ziffern ein.

$$CDL + XXV = CDLXVI$$

c) Ändere die Lage eines Strichs.

$$XL : VII = VI$$

d) Ändere die Lage eines Strichs.

$$LXXXIV - XVII = C$$

Gib das Ergebnis in römischer Schreibweise an.

a) CXX + XIV = _____

b) XL + XX = _____

c) MCMXCIX + I = _____

d) XLIX − VIII = _____

e) M − II = _____

f) MDLV + MDLV = _____

Flächeninhalt 1

1 | Färbe die Figuren mit gleichem Flächeninhalt in derselben Farbe und gib in jeweils einer der Figuren ihren Flächeninhalt in cm² und mm² an.

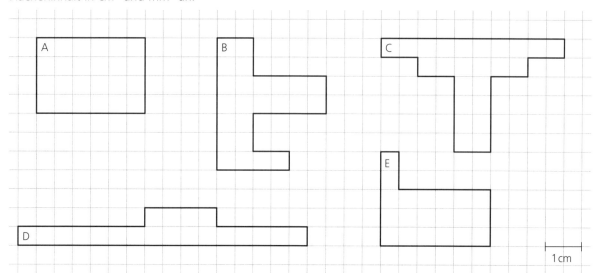

2 | Zeichne neben die Figur ein Rechteck mit gleich großem Flächeninhalt.

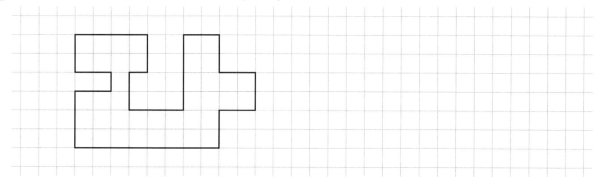

3 | Gib in der nächstkleineren und in der nächstgrößeren Einheit an.

90 000 mm²	900 cm²	9 dm²
	480 dm²	
	6300 a	
	56 m²	
	7 ha	

4 | Vervollständige die Tabelle.

3500 a	35 ha	0,35 km²
		7,6 m²
45 000 dm²		
	569 cm²	
		30,56 dm²

5 | Steht das Gleichheitszeichen zu Recht? Falls ja, wähle den grünen Buchstaben, falls nein, den schwarzen.

a) 5 dm² 12 cm² = 51,2 cm²   S   H

b) 3,12 ha = 312 a   A   I

c) 4,078 m² = 4 m² 78 dm²   T   N

d) 35 000 000 mm² = 35 a   Z   D

e) 2850 dm² = 28,5 m²   B   D

f) 10 cm² 700 mm² = 17 cm²   A   U

g) 12 000 m² = 1 ha 2 a   R   L

h) 5 a 2700 m² = 320 000 dm²   L   T

Lösungswort: _____

Flächeninhalt 2

Berechne.

Beispiel: $25\,dm^2 + 500\,cm^2 = 25\,dm^2 + 5\,dm^2 = 30\,dm^2$

a) $18\,m^2 + 1700\,dm^2 = $ _____

b) $850\,cm^2 - 750\,mm^2 = $ _____

c) $96\,m^2 \cdot 5 = $ _____

d) $60\,a + 3\,ha = $ _____

e) $95\,cm^2 : 5\,cm^2 = $ _____

f) $325\,cm^2 + 58\,dm^2 = $ _____

g) $60\,m^2 : 5\,m = $ _____

h) $521\,m^2 - 521\,dm^2 = $ _____

i) $17 \cdot 8\,a = $ _____

k) $22\,a - 5600\,dm^2 = $ _____

Ergänze.

a) $98\,m^2 - 700\,dm^2 = $ _____ m^2

b) $25\,a + 13{,}75\,ha = $ _____ a

c) $20\,000\,cm^2 - $ _____ $dm^2 = 1\,m^2$

d) _____ $mm^2 + 48\,mm^2 = 12\,cm^2$

e) $19{,}1\,dm^2 - 210\,cm^2 = $ _____ dm^2

f) $58\,000\,mm^2 + $ _____ $cm^2 = 12\,dm^2$

g) $10\,ha - $ _____ $m^2 = 460\,a$

h) _____ $m^2 + 3400\,dm^2 = 0{,}8\,a$

Von den Rechtecken sind nicht alle Größen bekannt. Berechne die fehlenden Größen.

	Länge	Breite	Flächeninhalt	Umfang
a)	5 cm	3 cm		
b)		8 m	32 m²	
c)	7 mm			38 mm
d)	1,5 dm		225 cm²	
e)		6,5 dm		3 m
f)	0,15 m	200 mm		

Familie Wurzel will für ihr neues Haus ein 45 m langes und 25 m breites Grundstück kaufen.

a) Wie viel müssten sie bezahlen, wenn ein Quadratmeter 180 € kosten soll?

b) Wie teuer dürfte ein Quadratmeter höchstens sein, damit ihre Ersparnisse in Höhe von 180 000 € für das Grundstück reichen?

Rauminhalt 1

1 a) Die Körper sind aus Würfeln mit der Kantenlänge 1 cm gebaut. Bestimme den Rauminhalt V in cm³ und mm³.

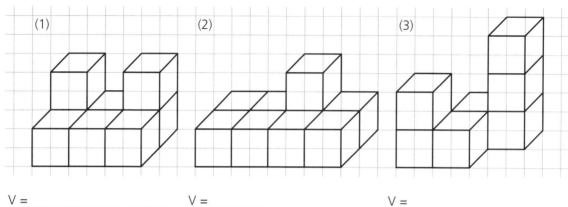

(1)   (2)   (3)

V = _____   V = _____   V = _____

b) Wie viele 1-cm-Würfel fehlen mindestens, um die Körper zu einem Quader zu ergänzen?

_____ Würfel   _____ Würfel   _____ Würfel

2 Bestimme das Volumen der Quader.

	Länge	Breite	Höhe	Volumen
a)	10 cm	5 cm	3 cm	
b)	8 m	11 m	2 m	
c)	3 m	20 dm	180 cm	
d)	7,5 dm	40 cm	19 dm	

3 Ergänze.

	Länge	Breite	Höhe	Volumen
a)	3 cm	9 cm		135 cm³
b)	6 dm		8 dm	336 dm³
c)		50 mm	12 mm	18 cm³
d)	0,5 m	48 dm		2400 ℓ

4 Verwandle in die angegebene Einheit.

a)   12 m³ = _____ dm³   b)   1,5 ℓ = _____ mℓ

c)   3400 mm³ = _____ cm³   d)   5,9 m³ = _____ cm³

e)   8,04 cm³ = _____ mm³   f)   46 700 mℓ = _____ ℓ

g)   800 dm³ = _____ m³   h)   0,65 ℓ = _____ mℓ

i)   0,5 m³ = _____ cm³   k)   26 000 000 mm³ = _____ dm³

l)   57 860 000 cm³ = _____ m³   m)   3,2 ℓ = _____ mm³

5 Schreibe wie im Beispiel in mehreren Einheiten und mit Komma.

Beispiel: **5620 dm³** = 5 m³ 620 dm³ = 5,62 m³

a) 8300 mm³ = _____ = _____

b) 7210 cm³ = _____ = _____

c) 25 300 dm³ = _____ = _____

d) 90 050 cm³ = _____ = _____

e) 64 302 dm³ = _____ = _____

Rauminhalt 2

Finde zuerst heraus, welche Aufgabe richtig und welche Aufgabe falsch gelöst
wurde, markiere mit r oder f. Korrigiere die falsch gelösten Aufgaben.
*In dem Kasten stehen die zugehörigen richtigen Lösungen. Die Buchstaben ergeben in der
Reihenfolge der Aufgaben das Lösungswort.*

1) $15\,\ell + 300\,m\ell = 18\,\ell$

2) $23\,m^3 - 500\,dm^3 = 22{,}5\,m^3$

3) $8\,\ell : 5 = 1600\,m\ell$

4) $75\,000\,000\,mm^3 + 25\,dm^3 = 0{,}1\,m^3$

5) $37\,dm^3 \cdot 4 = 144\,dm^3$

6) $3500\,cm^3 - 2\,dm^3 = 3300\,cm^3$

7) $12\,000\,000\,cm^3 - 9{,}5\,m^3 = 3500\,dm^3$

8) $144\,\ell : 12 = 12\,dm^3$

9) $35{,}8\,dm^3 + 2400\,cm^3 = 59{,}8\,dm^3$

10) $200\,cm^3 + 500\,m\ell = 0{,}7\,\ell$

11) $25\,m^3 - 65\,000\,cm^3 = 24\,935\,dm^3$

12) $8500\,dm^3 : 2 = 42{,}5\,m^3$

13) $0{,}125\,\ell \cdot 15 = 1875\,cm^3$

14) $9875\,dm^3 + 25\,000\,cm^3 = 9900\,dm^3$

$4{,}25\,m^3$	$1500\,cm^3$	$15\,300\,ml$	$2500\,dm^3$	$38{,}2\,dm^3$	$148\,dm^3$
L	U	T	F	E	E

Lösungswort: _____

Ordne der Größe nach. Beginne mit dem größten Volumen.

$45\,000\,dm^3$; $45\,500\,000\,m\ell$; $405\,000\,cm^3$; $5{,}4\,m^3$; $55\,045\,000\,cm^3$; $40\,500\,\ell$

Runde auf die angegebene Einheit.

a) $16{,}568\,m^3 \approx$ _____ m^3

b) $3{,}5\,\ell \approx$ _____ ℓ

c) $24{,}68\,cm^3 \approx$ _____ cm^3

d) $79{,}079\,dm^3 \approx$ _____ dm^3

e) $25{,}499\,mm^3 \approx$ _____ mm^3

f) $0{,}503\,cm^3 \approx$ _____ cm^3

g) $2765{,}4\,cm^3 \approx$ _____ dm^3

h) $34\,933\,dm^3 \approx$ _____ m^3

i) $23\,556\,789\,mm^3 \approx$ _____ dm^3

k) $657\,305\,mm^3 \approx$ _____ dm^3

a) Ein Schwimmbecken ist 15 m lang, 3 m breit und 2,20 m tief. Wie viel Wasser passt hinein?

b) Eine Schachtel hat eine Grundfläche von $25\,cm^2$
und ist 8 cm hoch. Wie groß ist ihr Volumen?

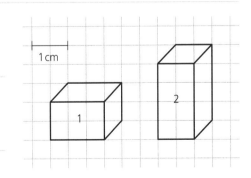

1 cm

c) Jana hat zwei Schachteln.
Um wie viel cm^3 unterscheiden sich die Rauminhalte?

Vermischtes 1

1   Der nebenstehende Körper ist aus Quadern zusammenge-
baut.

a) Eine Spinne krabbelt einmal an dem vorne sichtbaren L
entlang.
Welchen Weg legt sie zurück?

b) Tobias färbt den Boden rot, alle anderen Flächen grün.
Wie groß sind die rote bzw. die grüne Fläche?

c) Berechne das Volumen des Körpers.

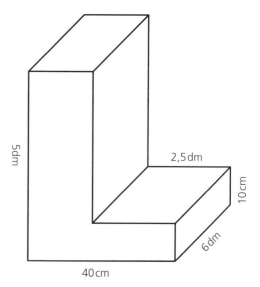

2   Das Flachdach der Familie Gruber hat eine Fläche von 160 m².
Nach heftigem Schneefall liegt eine 40 cm hohe Schicht Pulverschnee auf dem Dach.

a) Wie schwer ist die Schneedecke, wenn 1 dm³ Schnee 55 g wiegt?

b) Beim Schmelzen erhält man aus 16 dm³ Schnee einen Liter Wasser.
Wie viel Liter Wasser könnte Familie Gruber aus ihrem „Schneedach" erhalten?

3   Annas 3 m hohes Zimmer wird renoviert.

a) Wände und Decke werden mit Raufaser tapeziert.
Wie viel Tapete benötigt Anna, wenn sie für Fenster und
Tür 3,50 m² veranschlagt?

b) Den neuen Teppichboden will sie sich von Oma wünschen.
1 m² kostet 12 €. Wie viel muss Oma bezahlen?

c) Entlang der Decke klebt Anna eine bunte Borte an.
Wie viel Meter benötigt sie davon?

d) Annas Freundin Tina erzählt ihr, dass sie in ihrem Zimmer
40 m³ Luft zum Atmen hat.
Vergleiche diesen Wert mit dem aus Annas Zimmer.

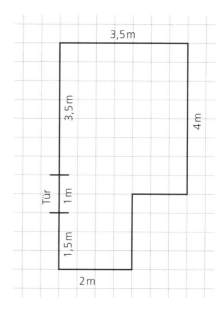

e) Tina behauptet: „Die Luft in meinem Zimmer ist schwerer als ich." Hat Tina Recht?
Tina wiegt 48 kg und 1 Liter Luft wiegt ungefähr 1 g 300 mg.

Vermischtes 2

Stefan und Kira unterhalten sich über ihre Badezimmer.

Stefan: „Wir haben den Boden mit quadratischen Fliesen ausgelegt, die eine Kantenlänge von 50 cm haben. Ich habe acht Fliesen nebeneinander in der Länge und sieben in der Breite gezählt."

„Ach", meint Kira, „wir haben rechteckige Fliesen (60 cm lang, 30 cm breit), davon liegen 78 Stück auf dem Boden."

Welches Badezimmer ist größer?

Herr Gruber möchte sein selbst gebautes Holzregal streichen. Es besteht aus drei Seitenteilen mit 40 cm Breite und 1,80 m Höhe und 10 Regalbrettern mit einem Flächeninhalt von je 32 dm².

a) Welche Fläche muss Herr Gruber streichen, wenn er sowohl die Seitenteile als auch die Bretter von beiden Seiten streichen will?

b) Im Baumarkt findet er verschiedene Größen Farbdosen.
Wie viel muss er mindestens ausgeben, um das Regal streichen zu können?

Ein Wasserschloss mit einer rechteckigen Grundfläche (40 m breit, 55 m lang) ist von einem 8 m breiten Wassergraben umgeben.

a) Wie viel Wasser befindet sich in dem Graben, wenn es drei Meter hoch steht?

b) Nach starken Regenfällen steigt der Wasserspiegel um 20 cm.
Wie viel Wasser ist jetzt in dem Graben?

Mats hat aus Würfeln mit einer Kantenlänge von 2 cm nebenstehendes Gebäude gebaut.

a) Zeichne einen Quader, der ein gleich großes Volumen hat.

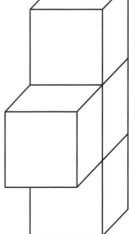

b) Um wie viel unterscheiden sich die Oberflächen?

Brüche im Alltag 1

1 Färbe den angegebenen Anteil in der entsprechenden Farbe. Welcher Anteil bleibt ungefärbt?

a) $\frac{1}{5}$ rot, $\frac{3}{10}$ blau, $\frac{2}{5}$ gelb

b) $\frac{2}{12}$ rot, $\frac{1}{8}$ blau, $\frac{1}{10}$ gelb, $\frac{11}{40}$ grün

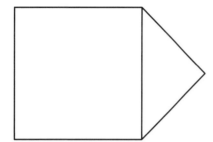

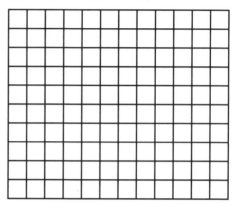

—— der Fläche bleiben ungefärbt.

—— der Fläche bleiben ungefärbt.

c) $\frac{1}{6}$ rot, $\frac{1}{4}$ blau, $\frac{11}{24}$ grün

d) $\frac{3}{11}$ rot, $\frac{2}{6}$ blau, $\frac{1}{3}$ grün

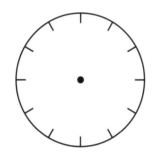

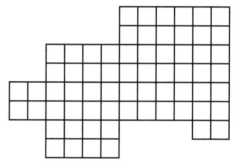

—— der Fläche bleiben ungefärbt.

—— der Fläche bleiben ungefärbt.

2 a) Beschrifte die Tankanzeige des Autos vollständig und fülle die Tabelle aus.

Tankinhalt Anteil	1	$\frac{1}{2}$	$\frac{1}{4}$		$\frac{3}{4}$	$\frac{1}{3}$
Tankinhalt in Liter	60		12			

Tankinhalt Anteil		$\frac{1}{8}$		$\frac{5}{6}$		
Tankinhalt in Liter	10		24		40	9

b) Das Auto verbraucht 8 ℓ auf 100 km. Bestimme die restliche Reichweite bei der jeweiligen Tankfüllung.

Tankinhalt Anteil	1	$\frac{1}{2}$	$\frac{1}{3}$	$\frac{1}{4}$	$\frac{2}{3}$	$\frac{5}{6}$	$\frac{3}{4}$	$\frac{1}{5}$
Reichweite in km	750							

Brüche im Alltag 2

Färbe den entsprechenden Anteil. Beantworte die Frage.

a) Die Maus frisst $\frac{3}{4}$ des Käses.

Wie viel Käse frisst die Maus?

Die Maus frisst _____ g Käse.

b) Karl verschenkt $\frac{3}{4}$ seiner Schokolade.

Wie viele Tafeln sind das?

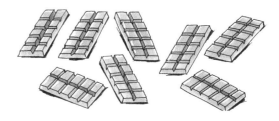

c) Die Kinder essen $\frac{5}{6}$ der Pizza.

Wie viel Pizza bleibt übrig?

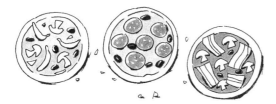

d) Alexander hat an Ostern nur 21 Eier gefunden.
Welchen Anteil hat er gefunden?

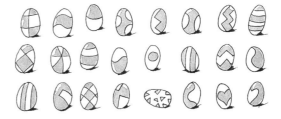

Löse die Aufgaben mithilfe des Pfeilbildes.

a) In einer Flasche sind 700 mℓ Limonade.

Die Flasche ist zu $\frac{3}{4}$ gefüllt.

Wie viel Limonade ist noch in der Flasche?

$$700\,m\ell \xrightarrow{\;:4\;} \quad \xrightarrow{\;\cdot 3\;}$$

In der Flasche befinden sich noch ____ mℓ
Limonade.

b) Für die Pizza benötigt Carla $\frac{3}{8}$ des geriebenen
Käses. In der Tüte sind 400 g. Wie viel Käse
braucht Carla?

c) Felix war $2\frac{1}{2}$ Stunden im Schwimmbad.

$\frac{2}{3}$ der Zeit verbrachte er im Nichtschwimmer-
becken. Welche Zeit verbrachte er dort?

$$\longrightarrow \qquad \longrightarrow$$

d) In der Klasse 6 c sind $\frac{3}{11}$ aller Schüler
Brillenträger. Das sind neun Brillenträger.
Wie viele Schüler gehen in die 6 c?

Wandle um. Orientiere dich an dem Beispiel.

15 min	500 mℓ		125 cm²	25 cm³
$\frac{1}{4}$ h	$\frac{1}{3}$ h			$\frac{3}{8}$ kg

Brüche im Einsatz 1

1   Der Kinderchor ist bunt zusammengewürfelt. Markiere jeweils in der angegebenen Farbe, beantworte die Fragen und fülle die Lücken aus.

a) Welcher Anteil aller Mitglieder sind Mädchen? ——

Das sind _____ % aller Kinder.

b) Blau: 20 % aller Mädchen singen Sopran.

Das sind _____ Mädchen.

c) 8 Mädchen und 10 Jungen spielen gerne Fußball, das

sind _____ % aller Mädchen, _____ % aller Jungen.

und _____ % aller Kinder.

d) Rot: 10 Mädchen haben kurze Haare.

Das sind _____ % aller Mädchen.

e) Gelb: 12,5 % aller Jungen tragen eine Brille. Das sind _____ Jungen.

f) Im Chor sind 10 Brillenträger. Grün: Wie viele Mädchen tragen eine Brille?

Das sind _____ % aller Mädchen.

2   Zu den Brüchen gehören Prozentangaben. Wandle um.

Bruch	$\frac{1}{5}$		$\frac{1}{2}$	$\frac{1}{8}$		$\frac{1}{4}$	$\frac{3}{8}$	$\frac{1}{3}$
Prozent		10 %		30 %	75 %	45 %	62,5 % ≈	

3   Henriette unternimmt eine fünftägige und 240 km lange Radtour.
Am ersten Tag fährt sie 25 % des Weges. Am zweiten Tag legt Henriette 30 km zurück. Am Ende des dritten Tages ist sie bei 150 km angekommen. Am vierten Tag legt Henriette 20 % des gesamten Weges zurück.

0 km   60 km   120 km   180 km   240 km

a) Markiere in der Skizze, an welchem Tag Henriette wo angekommen ist.

b) Wie viel Prozent des Weges fährt Henriette am zweiten Tag?

c) Wie viel Prozent des Weges fährt Henriette am dritten Tag?

d) Wie weit fährt sie am letzten Tag?

4   a) $\frac{2}{3}$ von 60 km sind   b) 10 % von 130 Kindern sind

c) $\frac{5}{6}$ von 12 ℓ sind   d) 30 % von 126 Bonbons sind

e) $\frac{3}{8}$ von 256 Kühen sind   f) 11 % von 1400 Menschen sind

Brüche im Einsatz 2

Löse die Aufgaben wie in der Beispielaufgabe.
Peter und Martin teilen die Kaugummis
im Verhältnis 3 zu 4 auf.

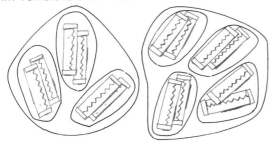

Peter bekommt 6 Kaugummis,

das sind $\frac{3}{7}$ aller Kaugummis.

Martin bekommt 8 Kaugummis,

das sind $\frac{4}{7}$ aller Kaugummis.

b) Konstantin und Paul teilen sich die Äpfel im
Verhältnis von 1 zu 5.

a) Carolina und Maria teilen den Gewinn
im Verhältnis 4 zu 5 auf.

c) Nikolas und Timo hatten Torchancen im
Verhältnis von 1 zu 2.

Maria und Marius haben eine Wohnung gemietet. Nun wollen sie die einzelnen Zimmer in verschiedenen
Farbtönen streichen. Zeichne mit Farbstift ein und hilf ihnen, eine Einkaufsliste zusammenzustellen.

a) Für das Wohnzimmer
benötigen sie 24 Liter
Farbe. Hellrot und Gelb
sollen in Verhältnis 3 : 5
gemischt werden.

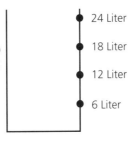

24 Liter

18 Liter

12 Liter

6 Liter

b) Für die Küche benöti-
gen sie 10 Liter Farbe.
Grün und Weiß sollen
im Verhältnis 2 : 3
gemischt werden.

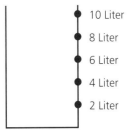

10 Liter

8 Liter

6 Liter

4 Liter

2 Liter

Sie brauchen   Liter hellrote

und   Liter gelbe Farbe.

Brüche vergleichen und ordnen 1

1 Erweitere.

 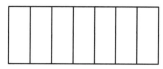 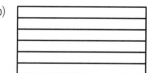 

a) b) c)

$\frac{1}{2} = \frac{2}{4}$ $\qquad$ $\frac{4}{7} = \frac{}{14}$ $\qquad$ $\frac{5}{6} = \frac{}{24}$ $\qquad$ $\frac{3}{5} = \frac{}{15}$

d) 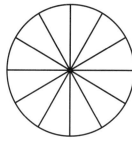 e) 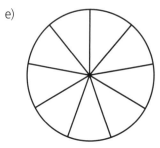 f)

$\frac{7}{12} = \frac{14}{}$ $\qquad$ $\frac{2}{9} = \frac{4}{}$ $\qquad$ $\frac{1}{} = \frac{}{12}$

2 Stelle grafisch dar.

a) $\frac{2}{3} = \frac{10}{15}$ $\qquad\qquad\qquad$ b) $\frac{1}{6} = \frac{5}{30}$

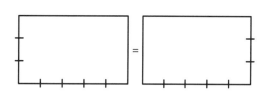 $\qquad$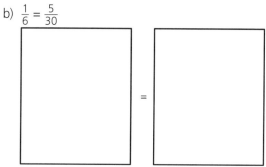

c) $\frac{1}{4} = \frac{3}{12}$ $\qquad\qquad\qquad$ d) $\frac{8}{12} = \frac{2}{3}$

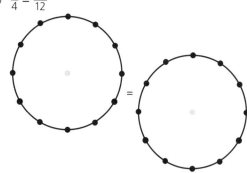 $\qquad$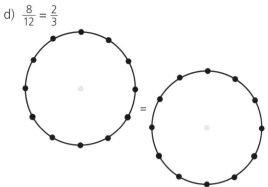

3 Fülle die Lücken aus.

a) $\frac{70}{100} = \frac{7}{}$ $\qquad$ b) $\frac{15}{35} = \frac{3}{}$ $\qquad$ c) $\frac{}{14} = \frac{3}{2}$ $\qquad$ d) $\frac{6}{42} = \frac{}{7}$

e) $\frac{24}{100} = \frac{}{25}$ $\qquad$ f) $\frac{180}{400} = \frac{9}{}$ $\qquad$ g) $\frac{48}{64} = \frac{3}{}$ $\qquad$ h) $\frac{125}{30} = \frac{25}{}$

i) $\frac{51}{34} = \frac{}{2}$ $\qquad$ k) $\frac{999}{1998} = \frac{}{}$ $\qquad$ l) $\frac{}{99} = \frac{9}{297}$ $\qquad$ m) $\frac{14}{} = \frac{28}{160}$

Brüche vergleichen und ordnen 2

1 Ordne die Brüche nach ihrer Größe.

a) $\frac{4}{5}$; $\frac{1}{7}$; $\frac{1}{5}$; $\frac{1}{4}$; $\frac{1}{1}$; $\frac{1}{2}$; $\frac{3}{4}$; $\frac{6}{7}$; $\frac{4}{12}$; $\frac{3}{5}$

$\frac{1}{7}$ <

b) $1\frac{4}{9}$; $2\frac{1}{4}$; $\frac{8}{7}$; $\frac{12}{8}$; $\frac{7}{8}$; $1\frac{6}{10}$; $\frac{22}{4}$; $\frac{22}{5}$; $\frac{20}{4}$; $\frac{20}{5}$

2 Zeichne die Brüche auf der Zahlengeraden ein. $\frac{1}{4}$; $\frac{7}{10}$; $1\frac{1}{10}$; $\frac{3}{8}$; $\frac{3}{5}$; $\frac{3}{4}$; $\frac{1}{2}$; $\frac{9}{10}$; $1\frac{1}{4}$; $\frac{19}{20}$

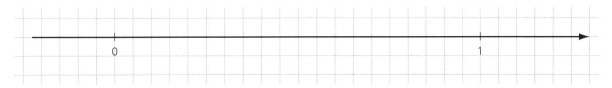

3 Lies die Brüche von der Zahlengeraden ab.

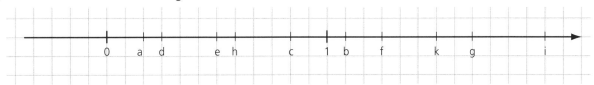

a ——; b ——; c ——; d ——; e ——; f ——; g ——; h ——; k ——

4 Vergleiche die Dezimalzahlen. Setze <, > oder = ein.

a)		b)		c)	
0,2	0,3	0,34	0,43	0,562	0,631
0,4	0,40	0,28	0,26	0,707	0,770
2,3	3,2	1,73	1,729	5,862	5,682
6,9	6,99	5,20	5,199	1,647	1,476
4,06	4,10	9,52	9,49	12,800	12,80

5 Ordne der Größe nach.

a) Beginne mit der kleinsten Zahl.

2,56; 4,25; 1,9; 3,02; 4,19   1,9 <

0,73; 0,709; 0,97; 0,65; 0,8

5,26; 5,301; 5,032; 5,231; 5,20

b) Beginne mit der größten Zahl.

1,64; 4,61; 1,46; 4,66; 6,41   6,41 >

4,58; 4,299; 4,92; 4,34; 44,1

7,3; 7,03; 7,003; 7,303; 7,033

Brüche vergleichen und ordnen 3

1 Bei den Turn-Europameisterschaften 2011 in Berlin wurden im Mehrkampf der Männer folgende Ergebnisse erzielt:
Nikita Ignatjew (Russland): 87,650 Punkte; Philipp Boy (Deutschland): 88,875 Punkte; Marcel Nguyen (Deutschland): 87,550 Punkte; Flavius Koczi (Rumänien): 88,825 Punkte; Mykola Kuksenkow (Ukraine): 88,350 Punkte; Daniel Purvis (Großbritannien): 88,350 Punkte.
Erstelle eine Siegerliste.

1. _____

_____

_____

_____

_____

2 Bestimme in jeder Zeile die kleinste und die größte Dezimalzahl. Sie führen dich zum Lösungswort.

0,34	B	0,41	E	0,43	A	0,4	R
1,6	S	2,0	K	1,99	E	1,65	I
3,08	O	2,33	E	2,9	N	3,23	T
11,01	E	10,11	R	11,1	A	10,1	B
6,28	E	0,628	L	62,8	L	6,82	R

Lösungswort: _____

3 Ein großes Durcheinander! Verbinde, was zusammengehört.

$0,0\overline{5}$ $0,125$ $0,25$ $0,6$ $0,5$ $0,\overline{3}$ $0,2$ $0,75$ $0,7$ $0,\overline{17}$

$\frac{7}{10}$ $\frac{1}{8}$ $\frac{1}{2}$ $\frac{1}{4}$ $\frac{3}{5}$ $\frac{3}{4}$ $\frac{5}{90}$ $\frac{1}{3}$ $\frac{17}{99}$ $\frac{1}{5}$

4 Fülle die Lücken aus.

Gekürzter Bruch		$\frac{3}{8}$	$\frac{4}{25}$			$\frac{9}{20}$
Zehnerbruch	$\frac{95}{100}$				$\frac{32}{100}$	$\frac{1625}{1000}$
Dezimalbruch	0,15		2,8	1,75		

5 Vergleiche die Zahlen wie im Beispiel.

$4,2 > 4\frac{5}{8}$

denn $0,2 = \frac{2}{10} = \frac{1}{5} > \frac{1}{6}$

a) $1,7 \qquad 1\frac{7}{9}$

denn _____

b) $2,34 \qquad 2\frac{17}{50}$

denn _____

c) $3,35 \qquad 3\frac{6}{20}$

denn _____

d) $0,99 \qquad \frac{99}{99}$

denn _____

e) $5,55 \qquad 5\frac{6}{9}$

denn _____

Umwandeln und Runden

1 Ergänze.

Bruchzahl		$\frac{3}{8}$		$\frac{3}{2}$	$\frac{9}{4}$	
Dezimalzahl	0,25		0,7	0,38	2,4	
Prozentzahl		90 %		65 %		0,5 %

2 a) Runde auf Zehntel.

$0{,}43 \approx$ _____

$2{,}085 \approx$ _____

$1{,}6289 \approx$ _____

$5{,}2761 \approx$ _____

b) Runde auf Hundertstel.

$0{,}456 \approx$ _____

$3{,}845 \approx$ _____

$2{,}7349 \approx$ _____

$16{,}9746 \approx$ _____

c) Runde auf Einer.

$7{,}52 \approx$ _____

$3{,}099 \approx$ _____

$10{,}453 \approx$ _____

$6{,}5654 \approx$ _____

3 Annika hat gerundet. Die Ausgangsgrößen hatten ursprünglich eine Stelle mehr als ihre gerundeten Maßzahlen. Zwischen welchen Werten können die Ausgangsgrößen gelegen haben?

		Kleinster Wert		Größter Wert
	3,8 cm liegt zwischen	3,75 cm	und	3,84 cm
a)	2,3 dm liegt zwischen		und	
b)	15,0 m liegt zwischen		und	
c)	1,5 ℓ liegt zwischen		und	
d)	9,65 kg liegt zwischen		und	

4 Vergleiche. Setze <, > oder = ein.

a)   0,2 $\frac{1}{6}$

    $\frac{2}{5}$ 0,45

    70 %   0,7

b) $\frac{7}{4}$ 1,7

    0,28 $\frac{8}{25}$

    0,59   0,569

c)   0,562 $\frac{14}{25}$

    $\frac{1}{8}$ 125 %

    $\frac{6}{10}$ 0,60

5 a) Welche Zahl liegt am dichtesten bei 0,45? _____

b) Welche Zahl liegt am dichtesten bei $\frac{3}{5}$? _____

c) Gib die beiden kleinsten Zahlen an. _____

d) Gib die beiden größten Zahlen an. _____

e) Welche Zahlen sind größer als $\frac{1}{2}$? _____

f) Verwandle alle Zahlen in Prozentzahlen. _____

_____

$\frac{1}{2}$ 0,04

$\frac{3}{4}$ 0,64

$\frac{21}{50}$ $\frac{39}{100}$

0,7

$\frac{2}{5}$ 0,55

0,42

Addieren und Subtrahieren 1

1 Berechne schriftlich. Gib zunächst einen Überschlag (ÜS) an.

a) ÜS: _____

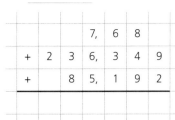

b) ÜS: _____

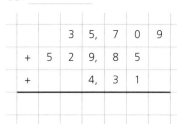

c) ÜS: _____

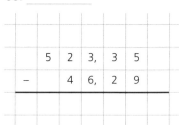

d) 69,137 − 68,926

ÜS: _____

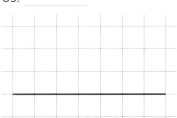

e) 47,752 + 13,8 + 6,97

ÜS: _____

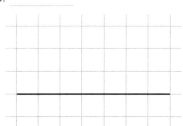

f) 891,75 − 26,38 − 437,52

ÜS: _____

Lösungen: 0,211; 68,522; 329,221; 427,85; 477,06; 569,869

2 Berechne im Kopf. Addiere dann deine Ergebnisse schriftlich.

a) 3,4 + 9,5 = _____   2,5 + 4,1 = _____   1,8 + 7,6 = _____   6,5 + 5,9 = _____

8,3 + 4,56 = _____   2,72 + 3,12 = _____   13,7 + 5,9 = _____   8,46 + 3,54 = _____

2,75 + 5,65 = _____   Summe der Ergebnisse:

b) 8,7 − 3,4 = _____   6,5 − 4,9 = _____   12,1 − 8,6 = _____   14 − 5,2 = _____

7 − 5,39 = _____   3,45 − 3,18 = _____   6,02 − 3,9 = _____   10,05 − 1,5 = _____

1,72 − 0,47 = _____   Summe der Ergebnisse:

3 a) Additionsmauer   b) Subtraktionsmauer

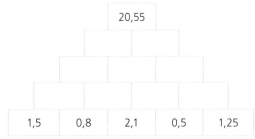

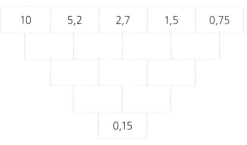

4 Berechne.

a) 0,2 $\xrightarrow{+6,3}$ $\xrightarrow{+8,52}$ $\xrightarrow{-2,7}$ $\xrightarrow{-3,86}$ ☐

b) 3,25 $\xrightarrow{-2,73}$ $\xrightarrow{+9,1}$ $\xrightarrow{-6,89}$ $\xrightarrow{+0,5}$ ☐

c) 22,07 $\xrightarrow{-3,8}$ $\xrightarrow{-8,64}$ $\xrightarrow{+2,6}$ $\xrightarrow{-5,77}$ ☐

Lösungen für ☐ *: 3,23; 6,46; 8,46*

Addieren und Subtrahieren 2

Berechne. Das Ergebnis führt dich zur nächsten Aufgabe. Färbe das letzte Ergebnis.

12,80 + 7,42 + 3,09 =   23,31

17,33 + 5,28 = _____

7,94 + 2,63 – 1,85 = _____

12,68 – 4,9 – 6,37 = _____

9,56 – 3,8 + 6,92 = _____

22,61 – 8,44 – 6,23 = _____

23,31 – 5,98 = _____

8,72 + 4,5 – 3,66 = _____

Ergänze die Zauberquadrate so, dass die Summe der Zahlen in allen Zeilen und Spalten sowie den beiden Diagonalen gleich groß ist.

a)

	0,8		0,6
			0,7
			0,2

b)

2,4	2	
	2,8	
		3,2

c)

	2,5	
0,625	3,25	1,375

Summe: _____   Summe: _____   Summe: _____

Fülle die Lücken aus. Die Ergebnisse führen dich zum Lösungswort.

1. Summand	2,37		4,09		35,521	17,17
2. Summand	6,72	15,59		65,8	63,19	
Summe		23,8	12,04	79,645		25,08

Minuend	19,5	4,25	25,06		32,07	
Subtrahend	7,8		6,872	12,8		5,26
Differenz		1,8		9,97	26,935	87,94

2,45	5,135	7,91	7,95	8,21	9,09	11,7	13,845	18,188	22,77	93,2	98,711
M	U	N	U	L	P	D	S	I	N	S	U

Lösungswort: _____

Addiere und ergänze die fehlende Zahl so, dass sich als Summe die Zahl in der Blütenmitte ergibt.

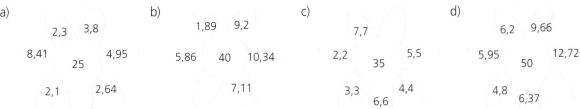

a)

2,3   3,8

8,41   4,95
    25
2,1   2,64

b)

1,89   9,2

5,86   40   10,34

7,11

c)

7,7

2,2   5,5
    35
3,3   4,4
    6,6

d)

6,2   9,66

5,95   12,72
    50
4,8   6,37

Lösungen: 0,8; 4,3; 5,3; 5,6

Multiplizieren

1 Berechne schriftlich. Gib zunächst einen Überschlag (ÜS) an.

a) ÜS: _____
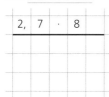

b) ÜS: _____
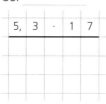

c) ÜS: _____
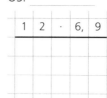

d) ÜS: _____
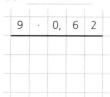

e) ÜS: _____
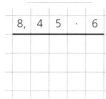

f) ÜS: _____
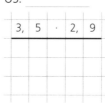

g) ÜS: _____
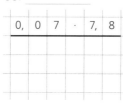

h) ÜS: _____
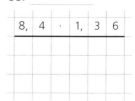

Lösungen: 0,546; 5,58; 10,15; 11,424; 21,6; 50,7; 82,8; 90,1

2 a) Multiplikationsmauer

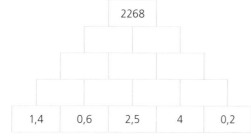

b) Multiplikationstabelle

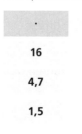

·	0,2	3,8	6,05
16			
4,7			
1,5			

Lösungen zu b): 0,3; 0,94; 3,2; 5,7; 9,075; 17,86; 28,435; 60,8; 96,8

3 Berechne die Quadrate im Kopf.

a) $0{,}7^2 =$ _____

b) $1{,}3^2 =$ _____

c) $0{,}02^2 =$ _____

d) $0{,}8^2 =$ _____

e) $0{,}17^2 =$ _____

f) $1{,}9^2 =$ _____

g) $1{,}1^2 =$ _____

h) $0{,}04^2 =$ _____

4 Berechne nur eines der Produkte. Bestimme die anderen durch Kommaverschiebung.

a) $18 \cdot 2{,}7 =$ _____

$0{,}18 \cdot 2{,}7 =$ _____

$1{,}8 \cdot 27 =$ _____

b) $7{,}3 \cdot 5{,}25 =$ _____

$730 \cdot 5{,}25 =$ _____

$0{,}073 \cdot 52{,}5 =$ _____

c) $0{,}46 \cdot 9{,}8 =$ _____

$0{,}046 \cdot 0{,}98 =$ _____

$4{,}6 \cdot 98 =$ _____

5 Berechne.

a) $0{,}5 \xrightarrow{\cdot 12}$ $\xrightarrow{\cdot 0,3}$ $\xrightarrow{\cdot 2,4}$ $\xrightarrow{\cdot 3,125}$ ▢

b) $3{,}25 \xrightarrow{\cdot 2,5}$ $\xrightarrow{\cdot 0,4}$ $\xrightarrow{\cdot 0,04}$ $\xrightarrow{\cdot 13,0}$ ▢

c) $18{,}3 \xrightarrow{\cdot 5,6}$ $\xrightarrow{\cdot 0,25}$ $\xrightarrow{\cdot 0,2}$ $\xrightarrow{\cdot 37,5}$ ▢

d) $1{,}4 \xrightarrow{\cdot 0,2}$ $\xrightarrow{\cdot 7,2}$ $\xrightarrow{\cdot 31,25}$ $\xrightarrow{\cdot 0,3}$ ▢

Lösungen für ▢ *: 1,69; 13,5; 18,9; 192,15.*

Dividieren 1

Berechne im Kopf.

a) $4,8 : 2 =$ _____   b) $9,06 : 3 =$ _____   c) $0,48 : 4 =$ _____   d) $1,5 : 5 =$ _____

e) $3,6 : 6 =$ _____   f) $11,2 : 7 =$ _____   g) $1,52 : 8 =$ _____   h) $0,81 : 9 =$ _____

Lösungen: 0,09; 0,12; 0,19; 0,3; 0,6; 1,6; 2,4; 3,02

Mache einen Überschlag (ÜS) und berechne dann schriftlich.

a) ÜS: _____

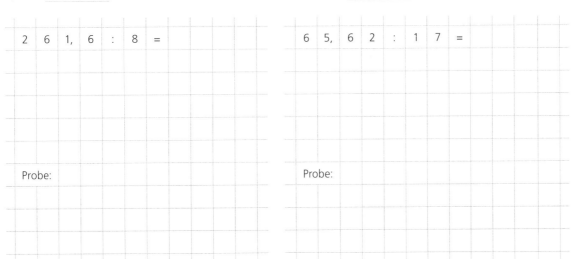

```
2  6  1,  6  :  8  =
```

Probe:

b) ÜS: _____

```
6  5,  6  2  :  1  7  =
```

Probe:

Setze die fehlenden Kommas im Dividenden bzw. im Quotienten. Ein Überschlag hilft dir dabei.

a) $1242 : 9 = 13,8$ b) $7632 : 12 = 6,36$ c) $4005 : 5 = 0,801$

d) $10268 : 4 = 256,7$ e) $358,44 : 3 = 11948$ f) $113,89 : 7 = 1627$

g) $1264,5 : 15 = 843$ h) $128,07 : 6 = 21345$ i) $456 : 8 = 5,7$

Finde zuerst heraus, welche Aufgaben richtig und welche Aufgaben falsch gelöst wurden, markiere mit r oder f. Korrigiere die falsch gelösten Aufgaben. In dem Kasten stehen die zugehörigen richtigen Lösungen. Die Buchstaben ergeben in der Reihenfolge der Aufgaben das Lösungswort.

a) $246,28 : 4 = 61,47$ b) $730,44 : 12 = 60,87$

c) $465,9 : 15 = 31,06$ d) $7,839 : 9 = 0,781$

e) $22,75 : 25 = 0,95$ f) $365,7 : 6 = 60,825$

g) $0,001 : 2 = 0,0005$ h) $562,68 : 18 = 31,06$

i) $(13,7 + 15,2) : 5 = 5,78$ k) $(12,9 - 3,3) : 3 = 11,8$

l) $(64,24 + 12,8) : 10 = 77,4$ m) $(2,7 + 8,05) : 5 = 2,15$

n) $(206,3 - 87,5) : 20 = 5,94$ o) $68,12 : 13 + 7,0 = 3,406$

0,871	0,91	2,4	3,2	7,704	12,24	14,02	31,26	31,41	60,95	61,57	70,44
R	D	S	E	R	E	L	E	N	B	E	N

Lösungswort: _____

Dividieren 2

1   Mache zunächst einen Überschlag und berechne dann genau.

a) ÜS: _____

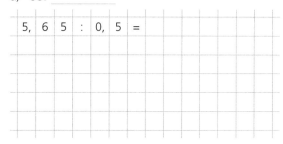

$5,65 : 0,5 =$

b) ÜS: _____

$4,944 : 1,6 =$

c) ÜS: _____

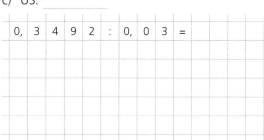

$0,3492 : 0,03 =$

d) ÜS: _____

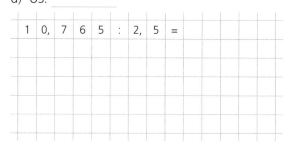

$10,765 : 2,5 =$

Lösungen: 3,09; 4,306; 11,3; 11,64

2   Berechne. Du erkennst das Lösungswort, wenn du die Ergebnisse der Größe nach ordnest.

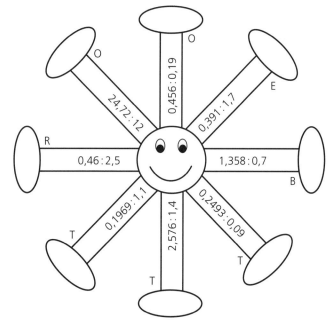

Lösungswort: _____

3   Fülle die Lücken aus.

Dividend	245	4,173			0,21132	49,552	3,0085
Divisor	1,4	0,15	2,7	3,906	0,009		
Quotient			4,5	8,05		1,9	0,11

Lösungen: 12,15; 23,48; 26,08; 27,35; 27,82; 31,4433; 175

Vermischtes

1 Ergänze die Figuren.

a)

1,5

: 0,3

·1,34

·0,15

·4,81

: 0,09

b)

·0,12

:0,2

+0,747

·7,62

·4,5

12,6

+

2 Stelle einen Term auf und berechne wie im Beispiel.

Multipliziere die Differenz von 28,7
und 4,93 mit 6,5.

$(28{,}7 - 4{,}93) \cdot 6{,}5 = 23{,}77 \cdot 6{,}5$

$= 154{,}505$

a) Addiere 5,29 zu dem Quotienten

aus 3,4 und 17.

=

=

b) Subtrahiere von 73,1 das Produkt

aus 4,06 und 12,4.

=

=

c) Multipliziere die Summe von 67,4

und 10,9 mit 0,2.

=

=

d) Dividiere 49,7 durch den Quotienten

aus 24,5 und 0,7.

=

=

e) Addiere die Summe von 1,5 und 16,84

zu dem Produkt aus 6,2 und 4,5.

=

=

f) Subtrahiere den Quotienten aus 12 und 2,4

von der Differenz der Zahlen 18,1 und 9,34.

=

=

Lösungen: 1,42; 3,76; 5,49; 15,66; 22,756; 46,24

3 a) Bei einer großen Schülerparty kostet eine Eintrittskarte 2,70 €.
Es werden 2303,10 € eingenommen. Wie viele Schüler waren auf der Party?

b) Wie hoch wären die Einnahmen gewesen, wenn jede Karte
10 Cent billiger gewesen wäre?

Kreise 1

1 a) Trage die Punkte D (2 | 11) und C (12 | 11) ein.
Ergänze $\overline{CD}$ zu einem Quadrat.

b) Zeichne einen Kreis, der genau in das
Quadrat passt. Gib den Mittelpunkt M und den
Radius r an.

M (|),   r = _____ .

c) Zeichne einen Kreis, der durch die Eckpunkte
des Quadrates geht.
Gib für diesen Kreis den Mittelpunkt M und den
Durchmesser d an.

M (|),   d = _____ .

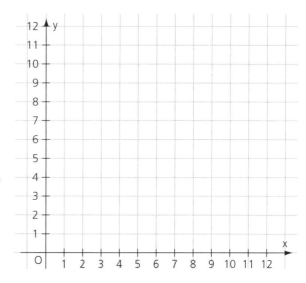

2 Im unterirdischen Rohrleitungsnetz (1 cm ≙ 1 km)
sind alle Schnittpunkte wichtige Prüfpunkte.
a) Wie viele findest du im Umkreis von 1,5 km um

den Punkt M? _____

b) Es sollen 38 Punkte überprüft werden.
In welchem Umkreis von M musst du

mindestens suchen? _____

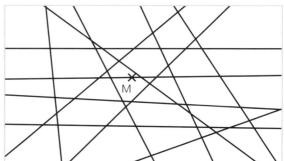

3 Zwei Hubschrauber mit je 50 km Einsatzradius stehen in H_1 bzw. H_2. Die einkommenden Einsatzrufe
sind: Unfall in U (20 | 15), Feuer in F (50 | 20) und eine
Explosion in E (40 | 30).
a) Markiere die Punkte U, F und E. Miss die
Entfernungen und gib sie in km an.

H_1 bis U _____ , H_2 bis U _____ .

H_1 bis F _____ , H_2 bis F _____ .

H_1 bis E _____ , H_2 bis E _____ .

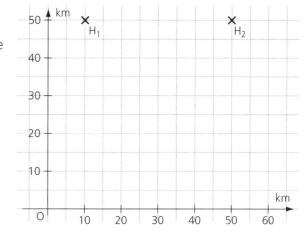

b) Schraffiere die möglichen Einsatzgebiete beider Hubschrauber. Welcher wird jeweils eingesetzt?

Bei U _____ , bei F _____ , bei E _____ .

4 Markiere auf dem Kreis einen Punkt A.
a) Zeichne – jeweils von A aus – Sehnen mit den
Längen 1 cm, 2 cm, 3 cm …

b) Wie lang ist deine längste Sehne? _____

c) Welche Länge hat der Radius des Kreises?

_____

Kreise 2

Setze die Kreismuster fort.

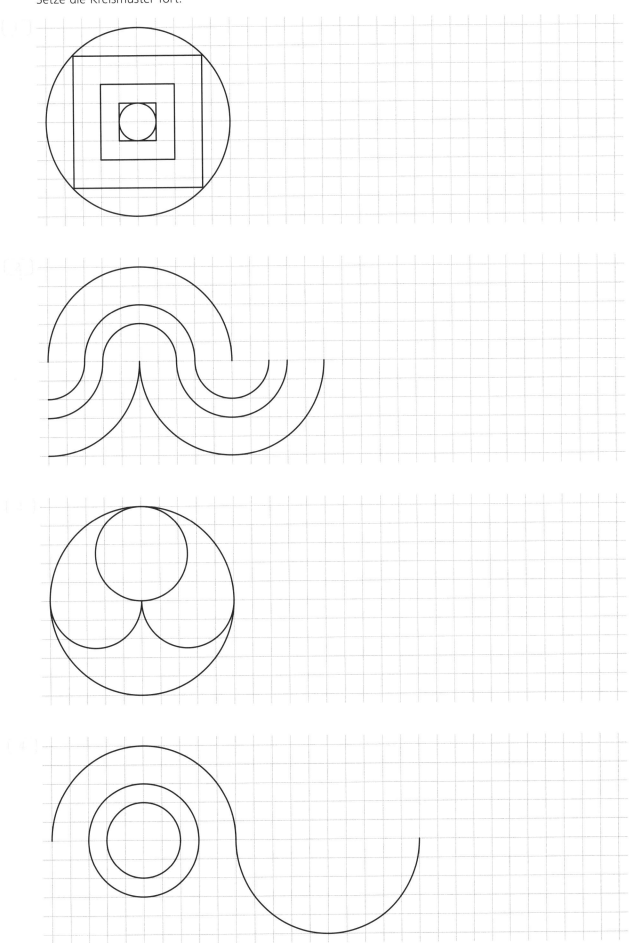

Winkel 1

1 Hamster Maximilian sieht sich den Querschnitt seiner Höhle an. Fülle die Winkeltabelle aus.

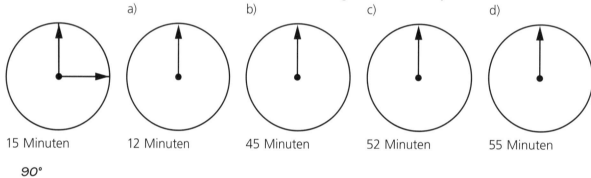

Winkel	Art des Winkels	Winkelgröße geschätzt	Winkelgröße gemessen
α_1			
α_2			
α_3			
β_1			
β_2			
γ_1			
γ_2			

2 Der Minutenzeiger überstreicht verschieden große Winkel. Ergänze wie im Beispiel.

a) b) c) d)

15 Minuten   12 Minuten   45 Minuten   52 Minuten   55 Minuten

90°

3 a) Zeichne das Dreieck ABC
       mit A(1|2); B(12|3); C(3|12).

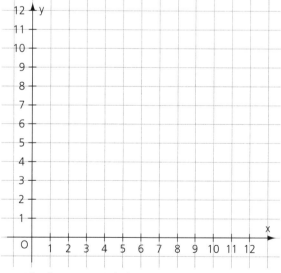

Gib die Innenwinkel an:

α = _____ , β = _____ ,

γ = _____ .

b) Zeichne das Viereck ABCD
    mit A(1|1); B(9|4); C(12|12); D(4|9).

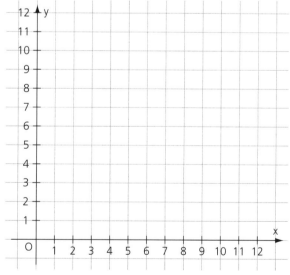

Gib die Innenwinkel an:

α = _____ , β = _____ ,

γ = _____ , δ = _____ .

Winkel 2

Ordne jedem Winkel seine richtige Größe zu. Versuche es, ohne zu messen.

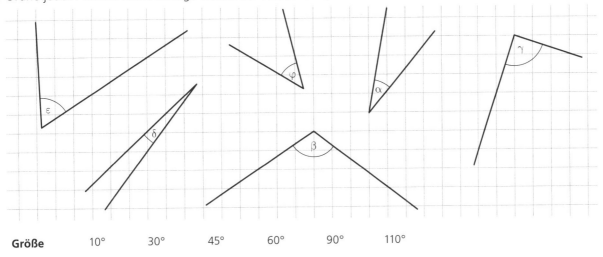

Größe	10°	30°	45°	60°	90°	110°
Winkel						

Im Farbrad sind Winkel der Größe 3°, 6°, 9°, 12°
der Reihe nach gezeichnet und gefärbt.
Setze das Muster mit 15°, 18°, ... weiter fort.

a) Wie groß ist der letzte Winkel? _____

b) Welche Farbe hat er? _____

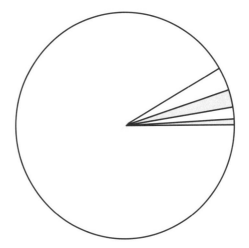

Trage an die Strecke $\overline{AB}$ die gleich lange Strecke $\overline{BC}$ im Winkel der Größe α an.
Setze dieses Verfahren mit $\overline{BC}$ und $\overline{CD}$ fort.
Hinweis: Wenn du sauber gearbeitet hast, kommst du wieder in A an.

a) α = 108°   b) α = 36°

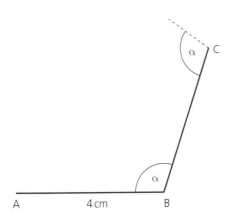

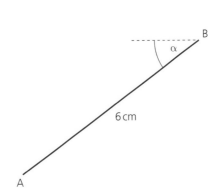

Welche Figur entsteht? _____   Welche Figur entsteht? _____

Winkel 3

1 Vom Punkt S aus sollen wie im Beispiel Scheiben getroffen werden. Beginne mit der Scheibe A. Schätze den Winkel des Schenkels $\overline{SA}$ zum Schenkel a. Zeichne dann deinen geschätzten Winkel ein. Wenn du gut geschätzt hast, so triffst du die Scheibe.

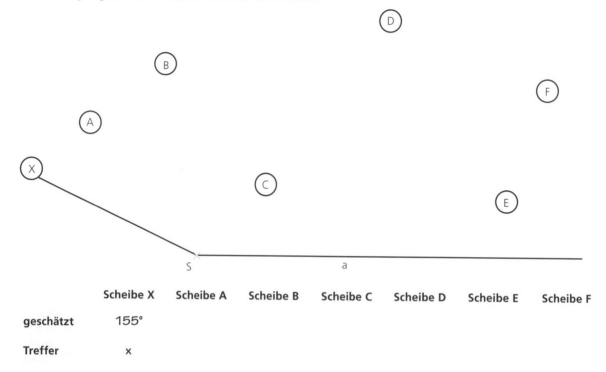

	Scheibe X	Scheibe A	Scheibe B	Scheibe C	Scheibe D	Scheibe E	Scheibe F
geschätzt	155°						
Treffer	x						

2 Beim Billard soll die weiße Kugel die schwarze Kugel treffen, nachdem sie vorher eine beliebige Bande getroffen hat. Schätze zunächst den Punkt auf der Bande ab, auf dem die Kugel auftreffen sollte. Miss dann den Winkel und verfolge die Kugel wie im Beispiel nach dem Auftreffen an der Bande weiter.
Hinweis: Die Kugel springt im selben Winkel von der Bande ab, in dem sie auf die Bande getroffen ist. Es gibt verschiedene Lösungsmöglichkeiten, je nachdem welche Bande du anspielst. Du kannst auch über zwei Banden spielen.

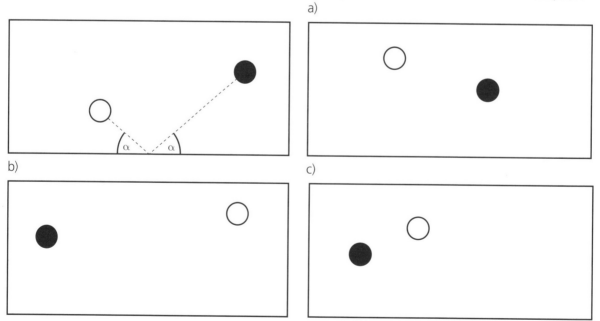